伸びる女の社内政治力

面白く、長く働くためのコツ

関下昌代
Sekishita Masayo

さくら舎

はじめに

「社内政治力」というと、どこか後ろめたいような響きがあります。言葉の語感には、黒やグレーの色合いがあり、男社会だけのものと思っている人も多いかもしれません。

男女雇用機会均等法ができて30年になるいま、仕事のことに、もはや性別は関係ありません。

社内政治力は、職場で賢く生き残るために必要な力です。むしろ、これから仕事で活躍するすべての女性にこそ必要な意思であり、スキルです。


まずは、次の項目があてはまるかどうか、チェックしてみてください。

・一生懸命働いているのに、なぜか空回りしている感じがする
・仕事で人と対立し、気まずい雰囲気になることが多い
・自分の意見や企画案がよく却下されてしまう
・他部署のことにまったく関心がない
・駆け引きはよくないこと。いつも正々堂々と正面からぶつかるべき
・上司や部下の人間的な欠点が許せない
・プライベートでのいい話、幸せな話を言わずにはいられない
・人の顔と名前を覚えるのが苦手
・世間話はおっくう。自分からはめったに話しかけない

いかがでしたか？　これにひとつでも当てはまるあなたは、社内政治力を意識したほうがいいかもしれません。

なぜなら社内政治力とは、人を巻き込み、自分の味方《ファン》を増やし、やりたいことを実現させていく力だからです。

その力を身につける場面は、じつは私たちの身近なところにあります。身だしなみを整

えることで信頼感を高めるとか、チャーミングな笑顔でまわりを明るくするなど、自分をどう演出していくかでチャンスのドアが開く可能性があるのです。

映画『ローマの休日』で世界的スターとなったオードリー・ヘップバーンの夢はバレリーナでした。生活の手段のために選んだ舞台の端役《はやく》の仕事がきっかけでチャンスをものにしていきます。バレエの主役で踊れなくても、バレエで学んだことを生かせるかもしれない、と小さな希望を失わず、生き残るために強い意志で未来を切り開いた彼女の姿は、いまの時代の女性たちにも勇気を与えます。

いま、仕事を覚え、「余裕」ができたあなたが、社内政治力にエネルギーを少しだけ振り向けるだけで、これからの自分のキャリアをより華やかに、よりワクワクできるものに変えていくことができます。

30年の会社生活を経験した私が、実際に直面した出来事を紹介しながら語っていきます。

「会社って本当は面白い場所なんだ！」

と思っていただけるとうれしいです。

関下昌代《せきしたまさよ》

目次

第3章 上司・部下に味方をふやす方法

第4章　女を敵に回さず、ソツなく立ち回る方法

第5章 影響力のある女をめざし、一目置《いちもく》かれる方法

第6章 社内政治力で面白く仕事ができ、楽しくなる

伸びる女の社内政治力

面白く、長く働くためのコツ

オードリー・ヘップバーン

チャンスなんて、そうたびたびめぐってはきません。
だから、いざめぐってきたら、
とにかく自分のものにすることです。

『オードリー・ヘップバーンという生き方』
（山口路子、新人物文庫）

第1章

女にも社内政治力が必要な6つの理由

1 ステキな女は記憶に残る

私が社会人になったのは、18歳のときです。

高校を卒業して最初にお勤めした会社は、邦銀の熊本支店、法人向けの融資課でした。

高校は県立の共学でしたが、もともとは伝統的な女子高だったせいで１００パーセント女子しかいない学校でした。

ですから、女子だけの世界からいきなり、「共学」の大人の世界に飛び込んだ私は、隣や前の席に20代、30代、40代と年上の男性陣がうじゃうじゃいたのには、正直いって困りました。

年齢の離れた女性への接し方にもとまどうことが多いのに、男性を相手に、どう接していいのか、どう振る舞っていいのかまったくわかりませんでした。

金融の知識も、敬語の使い方などのビジネスマナーもなにも学んでいない私にとって、毎日、職場で起きるあらゆる出来事が勉強そのものだったのです。

仕事の現場とは、リアルな「社会人大学」のようなものですね。


当時は自分の机でたばこをぷかぷか吸う男性が多く、私は漂ってくる煙にまみれながら、事務の仕事に取り組んでいました。毎日、吸い殻《がら》を専用のバケツに持っていき灰皿を洗ったりすることも、自分の当然の仕事としてやっていました。

人は、それが初めて経験することで、我慢《がまん》できる範囲のものであったら、目の前の風景を当たり前のものとして受け入れるものなのでしょうね。

煙くさい職場でも、「これが大人の仕事場なのだ」となんの疑問も持ちませんでした。

18歳の私には、目の前の現実が受け入れるべき風景であり、そこが与えられた自分の居場所であり、あるべき世界でした。

いま思えば、あまりにものを知らなさすぎて無防備すぎる気がしますが、なにも知らないからこそその「強さ」というのもアリだと思うのです。

私は当時、こんなふうに思っていました。

先輩にいちいち頼らなくていいようになりたい。

ミスをして叱《しか》られないですむようになりたい。


「仕事のひとり立ち」を一日でも早く迎えたい、と思っていた女子行員でした。


社会人のスタートは、男女雇用機会均等法ができる前でした。

私は法人向け融資課の事務職として、男性社員が取引先の企業と折衝《せっしょう》して契約を結ぶ仕事の補助的な立場で、男性のサポート部隊としての仕事を淡々としていました。

そんな日々のなか、仕事に慣れてくると、まわりを見渡す余裕もできてきます。

すると、上司から可愛がられる、存在感のある女性がいることに気がつきました。

それは、どんな女性なのか――。

・ときどきイライラして不機嫌なときもあるけれど、必要とあらば笑顔に切り替えられる。

・だれを相手にしてもやさしさに満ちており、相手を緊張させない。
・自分がバカになって笑いをとれるので、まわりの人たちをホッとさせ、空気が和《なご》む。
・仕事はテキパキ。最後まで責任感があり、その道のプロの深い知識を持っているので、ここぞというときに頼りになる。相談ができる。
・ミスやクレームにあったときの対処法をいくつか知っている、経験豊富で、なにごとにも動じない冷静沈着《ちんちゃく》な態度。
・男性社員のメンツをつぶさない。不快にさせないものの言い方を知っている。
・立ち居振る舞いが優雅で美しい。

そこには、仕事もできるけれど、可愛らしさ、美しさも兼ね備えている品格のある女性たちがいました。「この女性には職場にいてほしい」「いてもらわないと困る」――そんな存在感のある、女らしさも兼ね備えた女性たちの顔と名前は、いまでも記憶に残っています。

女らしさとは、見た目の女らしさも当然あります。だけど、それだけではありません。

ひと言でいえば、ムチのようなしなやかなタフさ。
環境がどう変わろうが生き残っていける、したたかさと強さなのだと思います。

それは、やわらかさや、あたたかさ、相手を包み込むようなおおらかさと、ここぞというときには信念を通すような、ぶれない軸を持ちつづけるメンタルの強さ、お化粧からはじまって身につけている服やバッグや靴や時計など……演出できるすべてを使って自分を表現できる力なのではないでしょうか。

女を武器にするというと、あざとい印象を持つ人も多いのかもしれませんが、私はべつに悪いことではないと思います。

生まれ持った女性らしさは、自分らしさと同じだからです。

私は邦銀の後、外資系銀行に転職しました。そこでは、男だから女だからという意識はあまりなかったように思います。女だからと言い訳できる雰囲気もない、厳しい一面もありました。また、日本の会社のような一般職と総合職の区別もありませんでした。

外銀で最初の上司にこう言われました。

「関下さん、この仕事をこなすのに何人のマンパワーが必要か、意識して仕事をしてください。何人の人が必要です……と、どんどん言ってください」

邦銀時代の4年間は年齢がいちばん下で、人を使うということをしたことがなかった私でしたので、これはエラいところに来てしまったぞと、不安になったことを覚えています。

男女ともに強烈《きょうれつ》な個性を持つ人が多い職場でしたが、そこにもまわりから可愛がられる女性と、そうでない女性がいました。

可愛がられる女性は、先ほど邦銀で出会った素敵な先輩たちと共通していました。

それは結果的には、男性だけでなく、女性からも好かれる存在になるということです。

しなやかでタフ、存在感のある女らしさは無敵

2

「なりたい自分」に近づける

組織に入ると、仕事を覚えるまで汗と涙の日々を経験することになります。

それはだれもが通るつらい日々です。

次々に立ちはだかる壁をようやく克服《こくふく》し、晴れてひとり立ちができ、慣れた仕事をそつなくこなせるようになると、ホッとしてしまいます。

ホッとひと息ついたら、だんだん、自分のまわり半径5メートルしか見えなくなります。

その距離だけ見ていればとりあえずの用は足りるので、もっと視野を広くしようとか、5メートル先の向こう側を想像するのが面倒になってしまうのです。

人間、楽なほうに傾くものです。

意識しないでできることが増えてきたら、そこは温室に変わります。温室に入ったままも気持ちいいですが、そのまま閉じこもると、人から忘れ去られます。自分自身も退屈《たいくつ》になりませんか。

「いまのままで自分は満足なのか？」と自分につっこみ、外気にふれ、刺激を与えてください。

ご縁があった会社に入るとき、その会社に入るためにアピールしたことがあったはずです。実現したいことがあったはずです。

希望に胸をふくらませて、いざ入社し、日常の仕事に忙殺《ぼうさつ》されると、なかなか初心に戻る機会がなくなるのも事実です。

それは理想と現実のギャップがそうさせるのです。

「こんなはずじゃなかった」とやる気をそがれているだけなのです。

こんな人もいるでしょう。

つらいことは極力避け、職場の「花」として、ちやほやされたい。

まわりの見渡す範囲にステキな人がいれば「社内結婚」もアリだし。

いまの私は、寿《ことぶき》退社するまでの単なる「腰かけ」でけっこうです。

初めは理想があったけど、いまが不幸ってわけじゃないし。

現状に不満はないので、べつにこのままでいい。慣れ親しんでいるいまの状況を変えるのは面倒くさいから、私は「現状維持」派です。


ここで、初心に戻ってみてほしいのです。

せっかくのあなたの持つ能力を、自分のキャリアを築くことに結びつけていかないで、時間だけが経過して埋もれていくのは、本当にもったいない！

この一瞬一瞬は永遠に戻ってこないのです。ちやほやされるのにも賞味期限があることに、うすうす気がついているはずです。


仕事を通して、自分の興味や関心が変わってくることもありますよね。苦手と思っていた営業なのに、やってみたら意外と結果を出せて面白い……とか。

会社はいろんな可能性を働く人に与えてくれている場所だと思いませんか？

自分にチャンスのドアが開くように、みずから誰かに働きかけるのです。

まずは、小さなチャンスからつかんでいきましょう。

見えなかったもの、あるいは見ないようにしてきたものに目を向けて、キャリアのステップアップを実現していただきたいのです。

まずは、短期的な目標を立て、次に長期的にはどんな自分になっていたいのかのイメージを持つと、ワクワクしてきます。

それをエネルギーにして、元気よく働きつづけてほしいのです。

いまのままで満足か、自分に刺激を与えてみる

3

会社を利用して成長できる

やってみたかった仕事をこなしている自分、なりたい自分を想像できたらステキですね！　不思議なことに、想いつづけていれば実現する可能性は大です。

車を運転するときに、まずは、カーナビにゴール地点をセットするイメージです。

次に大事なことは、運転席に座って、自分でハンドルを握ることです。

そうして車を自分で動かし、道を走るのです。

私自身は、後ろの席に座りっぱなしの時期がありました。

すべては人任せ。新しい仕事がくると、「英語に自信がないから、この仕事はできません」

――などと、まず逃げることを考えていました。

ある日、「あなたは甘えている」と尊敬する女性にぴしゃりと指摘されました。ショックでしたが、そのおかげで目が覚めました。

一度しかない人生をこのままでいいのか。コンプレックスまみれの自分から脱出したい！　って。ようやく真剣に英語を勉強しはじめました。

「これをやってみたいです」と「エイッ！」と勇気を出して上司に伝えるようになったときから、ようやく自分で運転席に座った感じがしたものです。

私の言葉を聞いた上司は、うれしさを含んだ驚きの顔でした。黙《だま》っていると、それで満足していると思われていたのです。やはり想いは言葉にしないと伝わりませんね。

温室から出るには、覚悟が必要です。慣れ親しんだ場所からみずから出ていく決心をするわけですから。

そんな勇気ある女剣士のような自分を「すごい！」と褒《ほ》めてください。

ちょっと背伸びをしなければいけない環境にわざと自分を持っていくのです。

そうやって意識してストレッチをかけていかないと、成長はできません。つまずいて転び、痛みを感じても、また「よっこらしょ」と起き上がればいいのです。

そのくり返しで、人はたくましくなりますから、大丈夫。

そのうち、ちょっとやそっとの逆境にも耐えていけるように強くなります。

会社を「利用する」というと腹黒いイメージですが、けっして悪いことではありません。利用して自分が成長し、会社に貢献し、ひいては世の中に貢献していくのです。

あなたが成長していく姿を、まわりの人たちは誇らしく思い、応援してくれます！

ちょっと背伸びする環境に、あえて自分を持っていく

4

「自分のキャラ」が武器になる

当たり前の話ですが、与えられた仕事にはつねに結果を求められます。

要求された仕事に100パーセント応《こた》えるからこそ、お給料がもらえます。

ひとりで完結するように見える仕事にも、だれかと一緒に仕事を前に進めなければならない場面があると思います。

仕事のチームにはいろいろな価値観や考え方の人がいますから、自分の思いどおりにいかないことがあるのが普通です。

思いどおりにいかない上司、部下、同僚をいかにうまく動かし、結果を出すか。それには、自分のキャラクター（キャラ）を使いこなすのです。

自分がほかの人から見たらどんなキャラなのか、知っておくことです。「わたしなんて……」と自分をわざわざ否定する必要はありません。自分のキャラのよい面を認めてあげるのです。

自分のよいところを意識して、いつもの言動を社内政治のためのプラス面に結びつけてください。

・ひかえめキャラは、目立たない、口が堅い。おとなしさは奥ゆかしさにつながり、嫌われることがない。だから敵をつくらない。
・弱々しいキャラは、線が細いからつい守ってあげたくなる。だから、人の援助を期待できる。
・けなげキャラは責任感があり、ねばり強くあきらめない。残業もいとわないし、ほかの人の雑務にも当たり前のように協力できる。だから、まわりから信頼される。
・おバカキャラは、ミーハー丸出し。おやじギャグも寒い。バカになって笑いをとる。だから野心もないし、戦略のない人に思われ、近づきやすい。よって、相手は油断して本音を言う。

・無色キャラは、ニュートラル。派閥《はばつ》やグループに属さない中立性を保つ。だから、いろんな情報が集まりやすい。
・まじめキャラは、融通《ゆうずう》がきかなくて窮屈《きゅうくつ》な印象。だけど正義感が強く、一途《いちず》なところが評価されている。だから、上司が困ったときに、意見を求められる。
・バリキャリキャラは、意識高い女で勉強熱心。エベレストと呼ばれ、まわりへの要求も高いので空気が薄い、あなたって息苦しいと言われるタイプ。だけどだれもが認める学級委員タイプだから、尊敬される。リーダーシップを発揮することを期待される。

どうですか？　あえて演じるほどのキャラではないでしょう？

ふだんの行動、素《す》の自分のプラス面を武器にして、相手を動かすのです。

そうすれば、人に好かれながら、必要な情報やスキルを教えてもらえます。信頼されているから応援してもらえ、まわりが安心していろんな情報をくれます。

情報をコツコツと蓄え、仕事の質をだんだんと上げて、結果を出していけば、こう言われます。

「あの女《ひと》、感じもいいけど、仕事もできるわね」


特別な能力が最初から必要なわけではありません。

自分がコンプレックスと思うことが、じつは強みです。

それを生かして、まわりを巻き込み、仕事の結果を出していけたら、会社に行くのが楽しくなります！

コンプレックスは自分の強みに変わる

5

子育て、介護があっても働きつづける

家の大黒柱（主な働き手）は一本だけじゃ頼りない時代に突入しました。収入源はいくつもあったほうが、いつ、なにが起こっても倒れることがありません。

女性も仕事を持ちつづけたほうがいいと思います。

自分の食いぶちは自分で稼ぐ。

私も経験しましたが、自分の収入がないと自由が確保できません。いちいち「これ、買ってもいいかしら?」と、お伺いを立てなきゃいけない。

「これにお金を遣ったら、無駄《むだ》遣いと思われるかも」と、お金を稼いでいる人に申し訳ない気持ちになると、自分の行動が狭《せば》まります。

そんな不自由な環境に身を置きたくありませんよね。

そうはいっても、働きはじめて年数がたつと、結婚、出産、子育て、介護などのライフイベントとの兼ね合いも生じます。

仕事をとるか、家庭に入るか？　両方をとるのか？　はたして両立できるのか？　仕事への未練《みれん》、両立への不安がつきまとうかもしれません。

そのときの自分が直面する環境にしたがって、自分をアメーバのごとく変えていきましょう。産休、育児休暇をとる、介護休暇をとる。そうして最後までしぶとく会社に生き残る。仕事をつづけられる自分の居場所を確保するのです。

自分の人生で大切なこと――仕事、パートナー、子ども、親の介護など、それらの優先順位が変化するときがきます。それは自分に与えられた社会的な責任でもありますよね。会社の仕事が優先順位の一番でなくなったとき、どのように働くのか、働きつづけるのかは、これからの時代において大変重要なテーマです。

法律で権利を守られていても、まとまった期間、職場を離れることは、イコール、だれかに負担をかけることです。だれかがあなたの仕事をカバーしなければならないからです。

そんなとき、ふだんの人間関係がものを言います。

「困ったときはお互いさま」という顔をしてくれるチームに恵まれればいいですが、現実は、「あら、また私があなたのカバーをさせられるのね」とうんざりされることのほうが多いものです。

産休明けで、時短で早く帰る部下の女性が、「お先に失礼します」と逃げるように帰る後ろ姿に「いいわね〜、お母さんは。早く帰れて」と言葉を浴びせる女性の上司もいました。

これが現実です。タフでなきゃ、やっていけません。

子どもが優先のときは、他のことにはひたすら「鈍感」になることです。なにを言われても柳に風のごとく、右の耳から左の耳となにも残さない。

「ああ、私は幸せだから嫉妬《しっと》されちゃったな〜」と思って、明るく振る舞い、嫉妬心を持つ人をさらにあおらないように、会話に気をつけて会社生活を過ごすのです。

ライフイベントの経験は、その後の仕事に着実にプラスになります。同じ経験をしている人の味方にもなれますし、なにより仕事以外の視野が広がります。

つらい状況は永遠にはつづきませんから大丈夫です。

自分の居場所を確保するには「鈍感」になることも

6

すべてのピンチがチャンスに変わる

私が働いていた外資系銀行は、新卒より中途入社の人が断然多い組織でした。

別の会社で働いた経験のある人たちは、社会人として育った環境（業界）が違いますから、さまざまなユニークな匂い（文化）を持ちこみます。

ひとつのカラーに染まっていない組織は、自分の個性を発揮でき、受け入れられている安心感から、伸び伸びと仕事ができるような気がします。

同時に、上から押さえつけられない自由さには、不自由さも同居します。自由だからこそ、自分で考えて動くという責任が生まれるからです。

外資を渡り歩く人は多いですが、その傾向は、将来の日本にも当てはまる日がきます。

労働人口が減り、ＩＴ化がさらに進みます。年功序列は時代遅れとなり、外国人と机を並べることが当たり前の職場になるでしょう。

人によって仕事に対する価値観も多様になり、転職が当たり前の世の中になれば、会社は「個」が集まる「集団」になっていくでしょう。

上司が変わる、ともに働くメンバーが変わる、自分の仕事が変わる……。

職場環境の変化がどんどん激しくなり、変わることが当たり前になっても、あわてない、ゆるぎない自分でいたいものです。

外銀の法人部門から人事部に異動したとき、ものすごく心細かったことを思い出します。法人部門では、チームリーダーのような役割でした。しかし、人事部では部下はいなくなり、いちばん下っ端になりました。

新しい仕事がしたいとみずから異動を希望したので、だれにも文句は言えません。どんなに社歴が長くても、新しい部門では新人です。異動したばかりのころは、ベテランのパート社員や派遣社員から一つ一つ仕事を教えてもらう日々でした。

ある日、メールルームに人事部から各部署に配布する郵便物を運んでいたとき、法人部門時代の部下にエレベーターでばったり出会いました。同じビルで働いているのですから、部署が変わっても顔を合わせる機会はいくらでもあります。

彼は私のことを同情の目で見たらしく、「かわいそうに、関下さんがメールを運ぶ仕事をしていた」と職場に戻って仲間に伝えていたそうです。

郵便物をメールルームに運ぶ仕事は、非正規の社員がおこなうとだれが決めたのかわかりませんが、暗黙の了解だったようです。

それまで部署のマネージャーとして仕事をしてきた自分が右も左もわからない状況に身を置くことになり、正直なところ、望んで異動したとはいえ、その立場に慣れるのにちょっと時間がかかりました。

自分より明らかに若い社員から、タメ口で仕事の指示を受けるときは、心のなかで「くやしい！　でも、がまん、がまん……。相手は私より先に人事部に入ったのだから先輩なのだ！」と思うようにしていました。

気持ちがへこみ、情けない気持ちになったら、それを上回る面白いことに目を向けます。

「なるほど〜。人事部にはこんな仕事があったのね〜」といままで知らなかったことを知る喜びは新鮮です。先ほどの郵便物を運ぶ仕事もそうです。

「ほ〜、この部署には、どんな人が働いているのかしら？」とか。

メールルームで働く人たちにわからないことを質問すれば、丁寧に教えてくれました。会社のなかで、新たに顔見知りが増えるのはうれしいことです。

私はついメールルームで雑談をし、油を売っていましたが、そこで働く人たちと仲良くなったことで、その後、自分の出す至急の郵便物を手配しやすくなりました。メールルームの担当者が、郵便局の人やバイク便の人を待たせてまでも、私の書類が間に合うように動いてくれるようになったのです。

なにかの変化によって、自分を取り巻く環境が他人に同情されるようなことになっても、落ち込むことはまったくありません。目の前の状況にたとえ「負け」ても、長い目で考えてみると、「あのとき、負けたことがよかったな〜」と思える日がきっとやってきます。焦《あせ》らないことですね。仕事も人生も長期戦でいきましょう。

人が集まって働く会社では、人間関係や仕事の利害関係、トラブルなどさまざまな衝突《しょうとつ》が起こります。どんな状況も、人がからめば複雑になりますから、「この方法を覚えたからいいや」と安心できない。

ものごとはいつも応用編。だから会社で働くのは面白いのではないでしょうか。

新規事業や新しいプロジェクトなど大きなことでなくても、仕事のやり方や進め方をこう改善したほうがいいのにと思うなど、普通に働いていれば「こうしたいな」と思うことはいろいろあるでしょう。

その小さな改善を実現するのに必要な力が「社内政治力」です。

辞書によると、「政治力」とは「政治的な交渉で物事を動かす力」(新明解)です。駆け引きや根回しなど、手練手管《てれんてくだ》を駆使する政治家をイメージしますね。社内政治力とは政治家の社内版をおこなう力でしょうか?

私が考える社内政治力とは、そんなに大それたことではありません。

会社のことをよく知り、敵をつくらず、味方《ファン》を増やし、人を動かし、あるいは巻き込み、最終的には自分の考え、アイディアを実現していく。

だれしもが無意識のうちにやっているようなことを、ちょっとだけ意識して、戦略的におこなってみる。社内政治力はそんな身近なものですが、しかし、働くうえで欠かせないものです。

会社勤め30年の私が身をもって学んだその方法を、これからお話ししましょう。

チャンスをつくり、自分の思いを形にする社内政治力

第2章

会社組織の表《オモテ》と裏《ウラ》を知る方法

1

学校では学べない会社という世界

学生時代には、シラバスという科目ごとに担当教員が解説した講義内容、評価の基準などがありました。学生がどの科目を選ぶのかは、このシラバスを見て決めるというのが表《オモテ》（公式）向き。

実際には、学生はどの教員の科目が単位をとりやすいかによって履修科目を選択しています。裏《ウラ》（非公式）の情報を頼りに、いかに効率よく単位をとり、卒業するかが一般的なようです。

職場も同じように、いろいろな情報を持っている人が有利なところです。

表向きの組織図のなかには、見えない情報が隠されています。

ある組織の部長の下に何人かいる課長。組織図では並列に見えますが、A課長は前の部長の息がかかり、新しい部長から煙たがられている。B課長は新しい部長と先輩・後輩の親密な関係である。C課長は自分が次の部長と思っていたところ、ふたをあけると意外な人事で、いまやる気をなくしている……などなど。

会社のなかには、目には見えない、いろいろなつながりの線とその種類があるのです。

期待に胸をふくらませて入った人も、そうでない人も、組織のなかで、最初から思いどおりにすべてがうまくいき、期待どおりにことが運ぶという人はいないのではないでしょうか？

挫折《ざせつ》や失敗をくり返しながら、学び成長していくとき、必要な能力とは何なのでしょう。

それは、学校では教えてくれないものです。

その能力とは、無駄な敵をつくらず他の人々と上手に付き合い、そのなかでもキーパーソンの信頼を勝ち取ること。

自分をとりまく環境の変化にびくともせず、自分を変えて相手に適応できる。

仕事でかかわるすべての人と、適度な距離をとりながら、気持ちよく働ける……そんな人間関係を築いていく能力だと思います。

この能力は学校の成績、あるいは学歴とはまったく関係ないところが面白いところです。だれでも逆転勝ちができる可能性を秘めているからこその面白さなのです。

会社とは、学校で習った理論が通じない、正論や理屈《りくつ》が通らない、が当たり前の世界です。

理不尽なことが日々起こる状況で、いちいち落ち込んだり、「こんなはずではなかった……」と嘆《なげ》いても、目の前の仕事や人間関係はなくなりません。

どんな理不尽な状況でも、仕事の結果を出すには、精神的なタフさが必要になります。自分を守っていくには、環境や状況の変化に自分を合わせていくしかありません。そのためには、人を観察する力、変化に気がつくアンテナを張っておくことが大事なのです。

会社には見えないつながり、関係がいろいろある

2

会社の表《オモテ》の組織を知る

まずは、自分の会社のことをよく知りましょう。

あなたの会社の組織は、入社したときと変化していませんか？


目の前の仕事に追われると、だれもが視野が狭《せば》まってくる傾向にあります。

入社後数年がたち、仕事に慣れてきたあなたには、いま、余裕が生まれているのです。

これは、ステップアップのチャンスではないでしょうか？　自分に刺激を与えるため、自分をより面白くするためにひと工夫するのです。

いままで見えなかった、あるいは見なかったことにしていた、自分を取り巻く環境を知ることからスタートです。

「私の会社は、いま、どんな人たちが動かしているのだろう？」

はじめの第一歩は、ホームページなど外部に公式に公開している組織図を見て、自分の働く職場がどこに属しているのか、どんな立ち位置に自分がいるのかを理解することです。

組織図も絶えず変化していきますから、最新の組織図でなければ意味がありませんね。

本社や支社、支店、営業所の場所と力関係、どんな部門がどの場所に存在しているか？ ふだん、メールでやりとりしている人たちは、そのなかのどの部門に属しているのか？ さらには、どんなポジション（立場）で仕事をしているのか？ を知っていることです。

また、収益を上げている部門、どの部署がいま社内の〝花形〟なのかも、知っておきましょう。

次に、社長をはじめ、組織のトップの顔と名前を覚えます。

顔と名前を覚えれば、肩書ではなく、ひとりの人間として身近に感じることができます。

会社のトップの人たちを身近に感じることで、会社への関心度も高まるでしょう。

顔と名前の覚え方は、彼らの特徴をつかみ、あだ名をこっそりつけたりして、イメージしながら覚えたほうが覚えやすいですよね。

学生時代に、先生につけたあだ名のように……。そんなふうに面白がって覚えたほうが会社に行くのも楽しくなるというもの。

朝の出勤時間に、もしかしたら社長と同じエレベーターに二人きりになることだってあります。自分の会社の社長に朝からニッコリ笑って、

「○○社長、おはようございます」

余裕のチャーミングな笑顔は、相手の印象に残ります。

「おや、こんな感じがいい女性社員がいたとは！　どの部署のだれだろう？」

自分をアピールする瞬間は、いつやってくるかわかりません。その一瞬を逃してはいけません！

「エレベーター・スピーチ」と呼ばれる、30秒くらいの短い時間でプレゼンテーションをする手法があります。

ふだんから、このくらいの短い自己紹介の練習をしておくと、いいと思います。そうす

れば、いざというとき、オロオロせずに自分をアピールできますね。

キーパーソンに名前と顔を覚えてもらうには、まず、キーパーソンのことを知るところからスタートです。

会社を動かしている人たちの顔と名前を覚える

3 人が集まると力関係が生まれる

学生時代からみなさん、経験していると思います。

教室のなかのクラスメイト同士の力関係。

だれもが暗黙の了解で認識していたのではないでしょうか？

鈴木翔《すずきしょう》さんの著書『教室内《スクール》カースト』では、クラスメイトのランクづけは、いまの小・中・高生にとっては当たり前のことだそうです。

人が集まれば、そこには力関係が生じます。

勉強ができる子、スポーツが得意な子、絵が上手な子、ピアノが得意な子、人を笑わせる子、大人びた子、おとなしい子……。

クラスのなかでは、ある共通点を持つ同じようなレベルの子が集まり、グループをつくって、力関係ができあがっていました。

授業時間、休み時間、給食の時間、放課後の時間など、時間帯や場面によって力関係が微妙に変化することもありました。絶対的な権力者である先生との距離のとり方も、どのグループに入っているかで違いがありました。

クラスでバスに乗って遠足（小旅行）に行くようなとき、力が強い子のグループがいちばん後ろに陣取っていました。その子たちは、けっして勉強ができる子たちではなく、なにかひとつのこと、一芸に秀でているような子どもたちでした。

まわりから尊敬される、あるいは、一目《いちもく》置かれる一面を持つこと。そのことが、ゆるぎない地位を築く武器になるということを、そのころ肌《はだ》で学んだ気がします。

そのときの経験からか……、いまだにバスでどこかに移動するとき、いちばん後ろが空いていると必ずそこに座りたくなる私がいます。

学生時代に経験したのと同じようなことが、会社のなかでも起こっています。

どんな会社にも花形の部署があります。プロフィットセンターといって、収益を出している部署です。それに対して、コストセンターという収益を生まない部署もあります。収益を生みだしている部署が社内で力を持つ、発言権を持つのは自然な形ですね。

そうはいっても、コストセンターに含まれる部署が花形とよばれる部署を支えているから、安心して仕事ができる環境が生まれます。

お互いの車輪がうまく噛《か》み合って会社が動くのが健全ですが、実際には同じ会社の人間なのに足を引っ張ったり、引っ張られたりのドラマが繰り広げられています。

どの組織に行っても、力関係のなかに巻き込まれるのは同じです。そこから逃げることはできません。

だったら、力関係を把握《はあく》し、自分の武器をうまくアピールし、自分の「喜び」につなげていったほうが、仕事は面白くなります。

同じ時間を拘束《こうそく》されるなら、面白いほうが精神衛生上もいいし、そのことが身体の健康維持にもつながっていくことを思えば、いいことだらけじゃないですか！

限られた人生のなか、仕事をしている時間は貴重な一瞬一瞬です。どよ～んと不満ばかりの時間は永遠のように長〜く感じられ、時計を見てため息をつく……。
そんな女性は魅力的には見えませんよね。

この後に触れる「派閥《はばつ》」の存在も侮《あなど》れません。どの部門のだれに発言権があり、上司を巻き込んで上層部を動かす力を発揮しているか？
人が集まるところ、そこには強いものから弱いものまでの力関係が生じます。この当たり前のナチュラルな現実を受け入れるところから、すべてははじまるのです。

人間同士の力関係を認めて、うまく付き合う

4

裏《ウラ》の力関係を把握しておく

いま、現状の会社の組織図を理解したあなたは、もう、「うちの会社のなかでは知っていて当然よね！」と言われるキーパーソンたちの名前と顔も覚えています。

大きな会社の場合、全員はムリかもしれませんが、自分のいる部門の部長と、その秘書の情報は把握しておくといいですね。

社内のおおまかな力関係と、半径5メートル周辺の力関係も肌で感じるようになっていたら、まわりを観察する力をつけている証拠です。

そのうち、キーパーソンは必ずしも上の役職についていないケースもあることがわかってきます。

次のステップは、会社の歴史、現在の組織にいたった背景の流れを知り、力関係を知ることです。

「え？　私の会社は最近できた若い会社。だから歴史なんかありませんよ」という人もいるかもしれません。だけど、トップの社長がどのような仕事の経験を積んで、いまの会社を起業するにいたったのかは、社長の経歴からある程度は知ることができます。

そうです！　自分に影響を与える人のバックグラウンドは把握しておくと、それが自分を守ることにつながるのです。社内の世間話の話題に事欠かないし、口にしないほうがいい話題を選ぶことも可能になります。役に立たない情報など、ひとつもないのです。

会社の歴史が長い企業なら、社史をチェックしたり、社歴が長い人にたずねてみるなど方法はいろいろとあります。

社歴が長い人と良好なコミュニケーションがとれるような間柄になれば、こっちのものです。

まわりを見渡せば、社歴の長い女性がいると思います。バリキャリの目立つ女性じゃないけれど、裏の権力者だったりする彼女たちに仕事を聞いたり、ランチタイムに相談にのってもらいながらお近づきになるのもひとつの方法です。そうすれば、過去のいろいろな情報が入ってきますから。

これが「裏の組織図」を手に入れるひとつの方法でもあります。

年齢が離れた年上の人は煙たい存在ですが、懐《ふところ》に入り可愛がってもらうのも、社内を生き延びるには不可欠な能力のひとつです。

社歴にどのような浮き沈みの出来事があり、合併などの大きな波を会社がどう経験してきたかは、とても大事な情報です。

その過程でどこの部署のだれがだれと摩擦《まさつ》を起こし、だれと絆《きずな》を深め、あるいは溝《みぞ》をつくったのか、その後、修復できたのか……。そんな歴史を知るにつれ、社内の部署と部署、人と人との相関図の線が引けるようになります。

出身の会社の線、プライベートの付き合いの線、派閥の線を引いていくと、面白い図が描けます。いろんな線を出している人と、そうでない人……。

そんな相関関係の図から、裏でだれが権力を持っているのかは、表の組織図と違うことがわかります。

本当に会社を動かしているのは、裏の権力者なのです。それをわかったうえで、仕事を前に進めていく。媚《こ》びることではなく、権力者の力を借りながら働くのです。

そうすれば仕事の内容によって、だれになにを相談し、だれの言葉にしたがうべきか、だんだんとわかってくるものです。


人に歴史があるのと同じように、会社にも歴史があります。

人によって歴史のとらえ方、巻き込まれ方が違いますから、裏の力関係は注意すべき情報なのです。地雷《じらい》を踏まないよう、慎重に！　歩いていきましょう。

本当に会社を動かしているのは
裏の権力者

5 社内にあるいろいろな派閥を知っておく

「派閥」「はばつ」という言葉は、漢字で書くと厳《いか》めしいし、口に出すと、重苦しい響き。まるでドラマの世界。もしかしたら、権力争いの渦《うず》のようなものを想像し、黒っぽい背広を着た腹黒い男たちの集団だけのもの、と思うでしょうか。

そんな言葉と私はまったく関係ないわ……。身近に派閥が存在するなんてことすら考えたこともない。あるいは、なんとなく派閥のようなものがあるのには気がついてはいるものの、私とは縁《えん》のない世界のことと思っている人は多いかもしれませんね。

いやいや、けっして関係ないことはないのです。

派閥も力関係のひとつです。いろんな派閥がグループになって、お互いの力関係を誇示《こじ》し、運動会の綱引きのように引っ張り合っています。

どこかの派閥に入らないといけないのでは、と思う必要はありません。ただ、どんな派閥が書かれた地図のなかに自分がいるのかを知っておくと、自分の仕事がうまく運びやすくなる、ということです。

実際にまわりをよ〜く虫眼鏡のようなもので細かく見渡すと、いろいろと見えてくるはずです。特定の出身・学校の派閥、どこの会社（あるいは業界）から来たのかという派閥、入社年度が同じという派閥、あるいは営業畑、総務畑と、なぜか「畑」と呼ぶ言い方で経験していた仕事の内容の派閥なども存在します。

それを意識して、自分の言動をコントロールしてみる。すると、意外と、組織のなかでの自分の居場所や立ち位置などが、はっきりとしてくるのではないでしょうか。自分が働く組織のトップや身近で働いている上司、同僚、部下がどんな派閥をつくり、そこにはどんなメンバーが集まっているのかを知っておくことは、仕事をするうえでものすごくプラスに働きます。その派閥のグループの人たちの特徴をつかみ、メンバーの人たちが嫌がることを口にしないように、地雷を踏まないように振る舞えるからです。

無意識に、あるいは無邪気《むじゃき》に地雷を踏んだとき、表面的にはなにごともなかったかのように時間が経過していくように見えます。

けれど、その影響は後になって、じわじわとやってきます。だれかに傷つけられ、「なんで、私にそんなにつらく当たるの?」と痛い思いをするはめになるのです。

そうならないために、痛い思いとは逆のよい思いをするためにも、なにをすべきか? なのです。

身のまわりにどんな種類の派閥があり、そこにはどんな部署の、どんな立場の人たちが集まっているのか、顔と名前を一致させておくことです。

人は「私はこの派閥の帽子をかぶっています」と色のついた帽子を実際にかぶっているわけではありません。だから外からは見分けがつかないのです。これを知るには、ふだんの、まわりの人たちのなにげない会話のやりとりを聴き逃さないことです。

外銀勤務時代にこんなことがありました。

ある月末の忙しい夕方6時ごろ、上司から声をかけられました。

「ねえ、関下さん、僕今日、早く帰ってもいいかな?」

上司にいてもらわなくてもすむ仕事ばかりが残っていましたので、「はい、どうぞ」と答えると、

「じつはさ〜、この会社には〇〇大学の同窓会があってね、今日、××さんの号令がかかったから行かないわけにはいかないいんだよね。月末なのに悪いね〜」

驚きました。上司が〇〇大学出身ということを初めて知りましたし、××さんはある部門のヘッドで、ものすごく存在感のある男性でした。

自分の会社は外資系だし、学閥《がくばつ》のようなものがないからいいな〜と思っていたので、社内にある特定の出身大学の集まりがあったなんてびっくりでした。

私はたずねました。「ほかはどんなメンバーなのですか?」

すると日々、仕事で電話しあっている他部門の女性陣の名前が次々と挙がり、「あの人も、あの人も? 私の上司と同じ〇〇大学出身だったのね?!」。

私は妙に納得しました。別の部門のある女性に上司がいつも寛大《かんだい》に接するのは、同じ大学つながりのせいだったんだ……。な〜んだ! そうだったのか、とわかったからです。

同じ学校を卒業したという共通点は、人間関係のなかで強い力を発揮します。

仕事を離れたところで同窓会のつながりがあれば、情もわくし、きっと会社のなかの部署の関係を超えた社内横断的な情報網となっているのでしょう。

その大学が、世の中のどのあたりのランキングなのかも重要です。ライバルの学校を意識する人が多いからです。

その人たちのプライドを傷つけないように、上手にコミュニケーションをとれば、相手を無駄に不機嫌にすることを避けられます。

外資系の会社は実力主義だから派閥なんて関係なさそう、と思われているようですが、じつは外資こそ派閥や社内政治力が必要な職場といえます。

どんな会社でも、派閥のネットワークには敏感になっておくに限るのです。

さまざまな派閥の勢力図にアンテナを伸ばしておく

6

裏ネットワークがあれば情報が入る

いままでお話ししてきたとおり、表向きの組織図と、実際の影響力の線・つながりによる裏の組織図とは別のものです。

両方を把握しておかないと、真実の情報がタイムリーに入ってきません。

なにごともそうですが、情報をいかに早くゲットし、危険を察知して動くかは命にかかわる問題です。

「上司から言われてないから」とか、「だれも教えてくれなかったから知らなかった」では、ただ人のせいにして、自分のアンテナが立っていない不甲斐《ふがい》なさを表しているだけです。

ここでは、裏の力を知らないために起こるリスクについてお話しします。

部下を複数持つ管理職でいながら、ポツンと自分の殻《から》にこもっている女性がいました。ランチはいつもひとりで、机で食べています。彼女の机がある個室は、いつもドアが閉まっています。

かかってくる電話には、相手の名前が表示されるので、面倒くさいと思う電話や、自分より「下」のランクと判断した人の電話は取らない人でした。顔の表情も暗く、いわゆる仏頂面《ぶっちょうづら》でした。

私は、彼女と一緒に仕事を前に進めなければいけなかったとき、困りました。内線電話をしても出てくれません。「〇〇の件でご相談したいので、至急連絡をください」と、留守電を残してもかかってくることはありません。

メールを出しても返事がこない。お互いの上司である部長をCCに入れて同報メールにしてもシカトです。

彼女のオフィスに行くと、ドアは閉まっていますが、彼女は中に座っているのです。トントンとノックをし、「電話にお出にならないので来ました」とわざと明るく振る舞って、仕事をしていました。

そんな態度の彼女でしたから、情報網ではいつも蚊帳《かや》の外です。そんな上司の下で働く部下は、たまったものじゃありません。

仕事ができる部下は、愚痴《ぐち》っている場合ではないので、裏の組織のネットワークにアクセスしてせっせと自分で動き、ほしい情報を取りにいっていました。

そうして、別の部署のキーパーソンから「うちの部署に移る?」と声をかけられた彼女は、さっさと脱出に成功したのです。

一方で、孤独な上司となんとか仲良くなろうと、あるいは助けようと努力をする心やさしい部下は、上司と同じように情報から取り残されたあげく、孤立した彼女の仲間として、ひとくくりにされました。

仕事ができないわけではない部下なのに、できない人のレッテルを貼られ、結局は上司と同様に疎外《そがい》されていきました。

仕事ができないグループの一員にされる可能性があったら、そこからいちはやく脱出する方法を考えなければいけません。

社内政治というゲームに参加しようとしているあなたは、ゲームの勝ち負けに敏感になるべきです。

そんなとき、裏組織の実力者とのパイプが有効に働くことでしょう。

そのためには日ごろからキーパーソンにあなたの存在を「ポジティブな評価つき」で知ってもらっていることが大事です。

孤独な上司に忠義立てて心中する必要はない

F

キーパーソンの秘書と親しくなる

正社員として働いた銀行員のときだけではありません。派遣社員や臨時職員で仕事をしていたときも、裏情報へアクセスできるかどうかは重要なことでした。

組織のなかで、だれが力を持ち、影響力をまわりに発揮しているかは、人々の動き、態度、言葉づかい、なにげないまわりの人の会話のなかから感じ取ることができます。

私は派遣社員や臨時職員で仕事をしていたときのほうが、このセンサーがより早く、より敏感に反応したような気がします。なぜなら、働く期間があらかじめ決められていたからです。

3ヵ月更新だと、次も更新してもらえるようにするにはどうするかと考えます。まわりから「○○さん、また更新したい、この職場にこれからもいてほしい」と思ってもらえるように評価を高くしようと心がけるのは、だれにでも自然にわき起こる気持ちでしょう。

まだ20代だった当時は、そこまではっきりと意識していたわけではありませんでしたが、限定された期間にいかに仕事の結果を出すか、まわりから印象よく覚えてもらうにはどうすればいいかを考えて仕事をしていたのだと思います。


組織のなかで影響力のある人を知るのと同時に大事なのが、その人たちの側近で働いている人たちを知っておくことです。

秘書という明確なポジションだったり、アシスタントだったり、とにかくキーパーソンの近くでその人をサポートしている役割の人たちです。

キーパーソンに近づくにはまず、そのまわりにいる側近の方々と接し、そこでよい印象を持たれることが近道です。


外銀の人事部人材開発課で、新人研修の担当になった最初のころのことです。4月の入社式で挨拶《あいさつ》してもらう会社の上層部の人たちに、研修でのプレゼンをお願いしなければなりませんでした。

ある部門長の秘書Aさんに初めて電話したときのことは忘れられません。初めての仕事ゆえ、私が緊張でオドオドした口調で挨拶したために、不快に思われたのか「あなた、頼み方が失礼……」とガチャンと電話を切られてしまいました。

毎年恒例の新人研修です。Aさんは、人事からプレゼンを頼まれることを知っていたはずです。なのに私は、人事で新人研修があって……と前置きが長かったせいで、相手をイライラさせたのだと思います。

大御所の機嫌《きげん》をそこねてしまったというダメージ感はすさまじく、直後に落ち込みました。

しかし、毎年恒例のプレゼンを頼まないわけにはいきません。メールと電話の両方を使い、なんとか仕事を前に進めた記憶があります。

その後、しばらく苦手なAさんでしたが、ある日のこと、彼女が困って私に電話してきました。「至急、会議で使える部屋を探しているけど、どこか知らない?」

「しめた!」と思いました。丁寧に受け答えをし、Aさんの期待を上回る情報をお伝えしたところ、Aさんの上司が満足する会議が開けたらしく、Aさんを喜ばせることができました。

すると、彼女は急に私に対してやさしくなり、その後ランチに一緒にいく仲になりました。

それから仕事がスムーズにいきだしたのは言うまでもありません。

キーパーソンだけでなく側近も大事な存在

8

人事部に知り合いがいるという安心感

会社の人事部という部署は、近寄りがたい存在の人々の集団。人事部ににらまれないようにしないと……、といった怖いイメージもあるかもしれません。

問題を起こしたり、にらまれたりしないように、できるだけ遠ざかっていたい。と、かつての私は思っていました。

でも、外銀のラスト8年間を思いがけず人事部で働くことによって、初めて知ったことがたくさんありました。

あるとき、別の部門から人事に異動してきた女性が「なんか……毎日、人のことばっかりしてる」と愚痴《ぐち》っていたのを聞いて、ウケ狙いかと思いました。

「人事部」は人のことのいっさいを担当するのが仕事です。

人事部のなかはいくつかの担当に分かれています。

新卒、中途入社の社員、派遣、パート、アルバイトの人たちを会社のニーズにもとづいて募集をかけ、履歴書をもとに面接し、採用を実現させる担当。

新入社員研修など、社員教育によって部門に必要なテクニカルスキルや、リーダーシップなどのソフトスキル向上のために、的確なプログラムを提供していく担当。

社員個人や、社員と社員のあいだにトラブルが発生した場合の、調査と改善に働きかける担当。

お給料、退職金、賞与などの報酬《ほうしゅう》を計算し、社員に支給する経理担当。

社員の業績評価をコントロールし、昇給や昇格、異動に結びつけていく担当。

健康保険、年金保険、雇用保険などの事務手続きをする担当。

会社によっては、総務部と呼ばれるところもあるでしょう。同じ人が、複数の役割をしている会社もあると思います。

人事部のメンバーのだれがどの担当なのかを知っておくのは大事なことです。働くのに、なにかしらの障害物があっては、仕事に集中できません。長い会社生活のなかで、悩み事が発生することもよくあることです。

なにかに困ったときに、モンモンとひとりで抱え込まないでほしいのです。

人事部の相談できる人の顔と名前を知っているだけで心強いものです。

問題がまだ小さいうちに、ケアしておく心がけが必要です。我慢《がまん》したり、先延ばしにしておいたために、修復できない大きな問題に発展することは避けたいものです。

たとえば、ハラスメントの問題です。嫌がらせは、相手が「嫌だなー」と思うことからはじまります。本人は悪気がなくても「相手」がどう感じたかが問題で、グレーな部分が大きいのでやっかいです。

「そうされることは嫌です」と主張し、相手が「ああ。そんなつもりではなかったのです。不快な思いをさせてごめんなさい」と謝ることができ、仕返しのない職場環境が理想ですが、現実は理想どおりにはいかないものです。

なにか問題があれば、人事部に相談していいのです。

これを聞いたら恥ずかしいとか、自分にマイナスになるかもなんて思わないでいいのです。人事部の人間にとってのお客様は、自分の会社の社員なのですから。

お客様である社員のニーズに応えるのが人事部の役割です。

人事部に相談しながら障害物をとりのぞく

9

言葉を交わして人とのつながりをつくる

自分の部署じゃない人に書類を渡す必要があるとき、どうしていますか？

フロアが違えば社内便の封筒に入れて送るとか、ついでがある人に頼むとか。同じフロアなら、直接手渡すとか、あるいは挨拶するのが面倒だからその人がいないときを見はからって机に置いておくとか……。

まあ、いろいろなやり方があると思います。

私は、極力その人に手渡すほうがいいと思います。

挨拶はコミュニケーションの入り口ですから、そんなに難しいことではありません。

「おはようございます！」「こんにちは！」などと言って、その人と話すきっかけをつくります。

なぜ、それがいいかというと、顔を合わせた回数だけ人は親しみを感じるからです。

そこであなたのチャーミングな笑顔を武器に使えば、「ああ、あの人って感じがいい！」とよい評判が立ちます。

そんななにげない日常の積み重ねが「いざ」というとき、役に立つのです。

職場を見渡すと、みんなパソコンに向かっているように見えて、じつはあなたの一挙手《いっきょしゅ》一投足《いっとうそく》に注目しています。


同じ会社にいるのに、メールのやりとりはしているのでフルネームは知っているけど顔はわからないというケースは、けっこう多いのです。

メールだけじゃそっけないから電話で伝えたほうがいいかなと思うとき、ひと言でも挨拶を交わしたことのある間柄であれば、顔を知っていることで電話がかけやすくなります。


いまは、耳にはイヤフォン、目はスマホを見ながら、歩いている人が多いですね。人との出会いのきっかけを逃していてもったいないなあと思います。

通勤途中の電車や、駅から会社までの移動のとき、社内のキーパーソンがすぐそばにいるかもしれないのに、気づかないで過ごしているのです。

実際に仕事相手の机に行ってみると、そこは情報の宝庫です。その人が机に置いているグッズで、おおよその趣味や好きなこと、家族構成がわかります。

外銀時代、笑顔が少ないので、冷たい感じがして苦手にしていた女性がいました。書類を届けに机に行ってみると、子どもと一緒に撮った笑顔の家族写真が飾ってありました。意外な一面を見たような気がしました。家に帰れば母親の顔がそこに写っていました。

また、他部署に行ってみることで、自分の部署との違いを肌で感じられます。活気があるとか無いとか、そこで働く人たちを見ることで、自分のなかで勝手につくったイメージを変えることができます。

ひと言でも挨拶をすれば、コミュニケーションに血が通い、その後の仕事もしやすくなります。

相手から話しかけられるのを待つのではなく、いつも先手必勝！　自分から挨拶をして会話のきっかけをつくるのです。

自分の目で確かめ、生身の会話をする……この一つ一つが同じ会社で働く人とのつながりを築いていくのです。

じっとパソコンの前に座っていないで、みずから動く。これが大事です。

顔を合わせた分だけ人は親しみを感じる

第3章

上司・部下に味方をふやす方法

1

上司を支えることが自分への信頼になる

外銀では人事部で8年間、社員研修に関わりました。

研修のなかで、会社がもっとも時間とお金をかけたプログラムは「リーダーシップ」でした。

部下を持つ社員を集め、どのように部下のモチベーションを上げ、コミュニケーションをとり、仕事の成果に結びつけていくのか。

360度、いろんな角度で評価されるアンケート調査や、価値観や個人の思考の診断など、ありとあらゆるツールを使い、リーダーを育てようとしていました。

いま当時を振り返ってみると、なぜ「フォロワーシップ」の研修がなかったのか不思議に思います。

フォロワーシップとは新しい考え方ですから、馴染《なじ》みのない言葉かもしれません。しかしみなさん、ツイッターの「フォロワー」は知っているはずです。だれかの発言をフォローしている人も多いのではないでしょうか？

社内に置き換えれば、上司の発言をみずから支援する。もし、わかりにくい発言であれば嚙《か》みくだいて、チームメンバーに別の言い方で理解してもらうようにサポートするような役割です。

そうやって上司と部下の信頼関係をつくり上げていくということです。（フォロワーシップについては次項であらためて触れます）

部下として上司にどう接したら仕事がやりやすいのかについても、リーダーシップの研修と並行しておこなったほうが、相乗効果で、現場の上司と部下の関係が向上したのではないかと思います。

社畜《しゃちく》という言葉があり、組織のいいなりになる社員を、どこかダサいような、カッコ悪いことのような響きで使いますね。

社畜とは、「会社＋家畜」のビジネスパーソンを皮肉った言い方です。

言いたい人には、言わせておきましょう！

社畜と呼ばれようが、なんと呼ばれようが、知恵のある社畜、イケてる社畜になればいいだけの話です。


上司は、あなたを評価する人です。上司に嫌われるより、好かれたほうが断然得なことは、みなさん経験的に知っているはずです。

うまが合わない、とか、嫌いだと言っても、上司と部下の関係からはそう簡単には逃げられません。

上司の不得意なところを支える、手伝う――その積み重ねが、上司に信頼され、自分の評価を上げます。

共に働く人の顔ぶれは永遠にはつづきません。いつかは、上司と部下の関係に変化が訪れます。離れる日が必ずきます。好きな上司であっても、涙の別れがいつかは訪れます。

その日までに、徹底的に上司のいいところを盗むのです。

上司も生身の人間です。人間的にも、仕事の仕方にも「なんだかな～」と、物足りなさを感じることがあっても、そこを反面教師にして学べばいいのです。

反面教師ほど学ぶところがたくさんあります。「自分だったらどうするか？」の視点が生まれるからです。

お金をいただきながら、上司を観察して学ぶ。会社とは、なんてありがたい場所でしょうか。

上司のいいところは取り入れ、違和感のあるところからも学ぶ。

上司と部下の関係から生まれる一つ一つに、無駄なものはありません。

いいところも、そうでないところも
じっくり観察して学ぶ

2

フォロワーシップを意識する

フォロワーシップで思い出すのは、サッカー日本代表の長谷部誠《はせべまこと》選手です。

サッカー協会で働いている友人やサッカー通の友人たちに、長谷部選手のことどう思う？　と聞くと、「めちゃくちゃいい人らしいよ」「学級委員的存在だよね」「チームには必要な人じゃない？」という答えが返ってきました。

高卒で浦和レッズでプレーした後、ドイツのチームで活躍する彼は、2006年から日本代表に選ばれています。

日本代表のキャプテンを岡田監督のころからつとめ、その後監督が、ザッケローニからアギーレ、現在のハリルホジッチと次々に替わっても、彼がキャプテンマークをつけています。

日本代表チームメンバーは、ご存じのとおり、年齢、身体能力、ものの考え方、価値観もさまざまです。与えられたポジションによって性格に違いが出るのかはわかりませんが、サッカー能力の高さで選ばれた自信と、競争心の持ち主。自分をアピールしたい個性的な人の集まりであることはメディアから伝わります。

選び抜かれたチームでキャプテンをつづけられるにはどんな能力があり、監督が替わってもキャプテンを指名されるその理由は何なのでしょうか？

彼の著書にそのヒントがありました。


突然のゲームキャプテンの指名を辞退したいと申し出た彼に、岡田監督は、こう述べています。

「オマエは誰とでも分け隔てなく話せるし、独特の明るさがある」

「オマエは声を出すことでも、プレーでもチームを前に進めることができる。自分なりのリーダーシップでみんなを引っ張ってくれ」

また、浦和レッズ時代のトレーナーの言葉にもこうあります。

「チーム全体に何か伝えたいことがあるとする。もちろん監督から言ってもらうことが基本なのだけれど、選手から伝えてもらって共有した方がいいこともある。そういうとき、その仲介役としてぱっと思い浮かぶのが長谷部くんなんだよな」

『心を整える。』（幻冬舎）より

上司の指示を、噛みくだき、わかりやすい言葉で仲間に伝えることができる能力。そして、その実行に向けてチームの雰囲気を盛り上げていく能力。

それは上司をサポートする強力なフォロワーシップです。


チームの結束がバラバラにならないように、潤滑油《じゅんかつゆ》の役割を果たす長谷部選手から学ぶことは、二つあります。

ひとつは、組織的なプラス面。上司の方針を、チームで共有することができれば、チームの一体感を生むことができるということです。そうなれば、意見の交換や、話し合いがしやすい職場の雰囲気が生まれます。

もうひとつは、個人的なプラス面。フォロワーシップを磨《みが》くことで、上司の視点でものが考えられるようになります。つまり、リーダーの訓練ができるのです。

あなたが、チームを率いる立場になったとき、「リーダーシップ」を学んでないから私にはできません！　と、みすみすチャンスを放棄することもなく、あるいは、自信のなさから不安でいっぱい、夜も眠れないような状況にも陥《おちい》らずにすみますね。

フォロワーシップを磨くことでリーダーシップが身につく

3

好き・嫌いの感情を手放す

上司は仕事を運んできてくれる、部下にとっては重要人物です。

前のパートでも書きましたが、嫌われるより、よりよい関係をつくって高い評価をもらったほうが、あなたのこれからの人生にとってプラスに働きます。

嫌いな上司、苦手な上司というレッテルを貼り、遠ざかっていては、せっかくの会社生活の時間を無駄《むだ》にします。

それには、好き、嫌いの感情を捨てることです。

冷静な大人の女になり、ドラマを見ているような感覚で面白がりましょう。

ふだんは仕事もでき、社内でも部長クラスの高い地位にいる人たちの立ち居振る舞いを観察していると、「え?」と思うことがあります。その立場にいながらその態度はないでしょう? とがっかりするようなケースです。

でも、がっかりはしても、軽蔑《けいべつ》はしません。

その地位にある人は、実力があるからこそその役職に就いています。だから人間的な部分を見ることは、その人を理解することにもつながり、コミュニケーションの垣根が低くなっていいことなのです。

朝、出勤のとき、入り口に警備員さんが立っています。警備員さんが「おはようございます」と挨拶しているのに、無視して通るA部長がいました。A部長は私の所属部門のトップです。

後ろから観察していて、警備員さんは、自分の挨拶を無視されて、さぞかし嫌な思いをしているだろうな、と思いました。

そして、ああ、A部長は社内では力を持っているけど、相手によって態度を変える人なんだな。人間的には完璧《かんぺき》じゃないんだな、とも思いました。

そんなA部長の前でそれほど緊張する必要はないな、とホッとしたのです。

いままで遠くに感じていた人を、急に身近に感じたのです。

ふだんは近寄りがたい上の人も、私と同じ人間なんだなと思う瞬間があります。部門長で影響力のある人でも、人間らしい部分が見え隠れします。そこを批判するのではなく、近づきやすさ（＝ホッとする一面）に切り替えるのです。

そうすれば、私とは関係ない雲の上の人と思っているような人とでも、話がしやすくなりませんか？


その後もＡ部長を注意深く観察していました。ある日、同じエレベーターに乗り、二人っきりになりました。彼はスポーツバッグを持っていたので、

「どちらかへご旅行ですか？」

「ああ、これ？　いや〜、最近運動不足でお腹《なか》が出てきちゃって。仕事の後でジムに行こうと思ってね〜」

と会話をすることができました。

こんなスモールトークですが、今後の仕事をするうえで、このようななにげない会話が

生きるときがきます。

次に話すチャンスがあれば、「ジム通いはいかがですか？」と話すとっかかりがあるから、コミュニケーションがしやすくなるのです。

これも、A部長へ持っていた心のハードルが高いままだったら、声をかけるなどめっそうもないと尻込《しりご》みし、同じエレベーターに乗るのも避けていたと思います。

上司の残念なところは近づきやすさと読み替える

4

上司が気にすることを気にする

上司には上司の誇り、プライド、メンツがあります。それらを傷つけるようなことをすると、あなたにとってマイナスにしかなりません。

上司の補佐役に徹し、上司から煙たがられないようにします。

では、具体的にどうしたらいいのか？

上司がどういう性格で、どんな価値観を持ち、どんな思考をする人なのかを知っておきます。自分勝手な、いつも同じやり方で上司を支えようとするとうまくいきません。

相手のニーズに合った支え方をする、つまり上司によって接し方を変えなければならないのです。

つねに、数字を使って分析《ぶんせき》するのを好む理論派なのか？

人の気持ちを優先し、まず相手の感情に配慮する人か？

新しいアイディアを考え、試してみる、新しもの好きか？

決まった手順を、計画どおりにコツコツとこなすことを優先したがるか？


自分の上司がどんなタイプなのか、どうやって知るか？

それにはまず、日ごろの上司の言動をよ〜く観察することです。

仕事を通して人は、必ず自分の「素《す》」の部分が出ますから、それを見逃さないのです。

一日の長い拘束《こうそく》時間のなか、お客様に対しての接し方、電話の受け答え、どんなときに機嫌がよくなり、どんなときに、機嫌が悪くなるかチェックします。


たとえばこんなシーンです。上司が、突然、電話をガチャン！　と切りました。「なにかあったな」というのは明白です。

電話の相手はだれだったのか？　社内か、社外か、お客様か？

なにに対して上司の感情が、いつもと違って高ぶったのか？

興味を持って聞き耳を立てる。その後の上司の動き、だれになにを言うか聞いておく。それとなく、事情を知ってそうな人に「課長、大丈夫ですかね？」と探りを入れてもいいですね。すると、その状況の背景、関係者がわかってきます。

上司にも上司がいます。社内にライバルもいます。

会社のなかで自分の上司が置かれている立場にも考慮します。たとえば、上司がミスをして、上司の上司から叱《しか》られへこんでいるときは、それに関連する話題を避ける。あるいは、上司のライバルがいる部署が成果をあげ社長賞をもらったようなとき、そのことに触れないなど。

話題にも気を配らなければいけません。まさしく空気を読むべきときがあります。

上司の大事にしているものを知り、得意なところ、不得意なところを知る。ここで、上司の思考パターンを知っていれば、反感を持たれずアプローチがしやすくなります。

「この仕事、どうなってる？」

依頼した仕事の進捗《しんちょく》状況を、上司は気にしています。しかも上司はつねに正確な情報を求めています。

「自分が上司だったら」と思えば、自分のやるべきことがイメージできますよね。

上司から聞かれたとき、「いま、報告しようと思ってたのに〜！」と思うと、自分がイラッとします。それは顔や態度に表れますから、要注意です。

上司から聞かれる前に、こちらから報告する。

上司のかゆいところに、言われなくても手が届く。

それも上司のメンツを守るひとつの方法です。

上司のメンツを
つぶさない

5

上手な仕事のアピール方法

日本人の奥ゆかしさは、美徳として称賛されることがあります。だけど、目を見ればわかるでしょう？　とか、この状況を察してほしい、と思っても限界があります。はっきりと「言葉」で、状況や気持ちを言い尽くさないと、相手には伝わりません。

個人情報保護法が施行される直前でした。

人事の研修部で仕事をしていた私にプロジェクトが与えられました。個人情報保護法に関する研修を社員全員に実施し、テストで合格してもらうタスクでした。

ＰＣで社員にアクセスしてもらう、ｅラーニングの形をとりました。

プログラムの内容を詰め、全社員にアナウンスする段階にきて、同僚からこんな声があがりました。

「実施したら、社員から問い合わせの電話がひっきりなしにくるはず。私たちはそれに巻き込まれたくありません」

さすが、外資系です。社員は思ったことをハッキリ口にします。

結局、私に個室が与えられ、「ひとりヘルプデスク」の誕生です。

私は、「あれ? みんな手伝ってくれないんだ」とちょっとショックでしたが、個室で仕事ができるのは、まあ、それもいいかもと思いました。


案の定、社員からの質問の電話とメールが次々と届きました。

おそらくひと月、頑張って対応すれば、問い合わせも落ち着くことは予想できたとはいえ、ひとりで対応するのは正直なところ大変でした。トイレも我慢してしまう、ランチもだれかと約束できないし、とにかく気が抜けないのです。

早々に疲れきっていた私に、上司が「大丈夫?」と個室のドアを開けて声をかけてくれました。

私は、「はい、なんとか……」と答えながら、この大変さを私の目や声、態度で察してほしいんだけど……と思いました。上司の目に私がどう映ったかは、わかりません。「あら？　心配したけど、けっこう元気そうにやっているじゃない。これならひとりでも大丈夫みたい。本人が大丈夫って言ってるし」と思われても困ります。本当はひとりで大変だということをわかってほしいのですから。

そこで、私は時間ごとの電話とメールの数、問い合わせの内容のログ（記録）をとりました。多忙さは、具体的な数値で訴えるしかないと思ったのです。

ドキュメンテーションを残す（文書化する）と、仕事の状況の変化と、今後の課題まで見えてきます。また、同じようなプロジェクトをおこなうときの、参考データにもなります。

このときの記録は、年に一度の業績評価のときにも役に立ちました。

自分の仕事のアピールは、数値を使って説得すべきと身体で覚えた経験でした。

ただ「忙しいです、大変なんです」と言うだけでは、相手には正確に伝わりません。まして、「この余裕のない私の態度を見ればわかるでしょう？　察してちょうだい」と思っても相手には伝わりません。

仕事の場では、なにがどうなってと具体的な情報に基づいて、相手に言葉で訴えないと伝わりません。このとき、けっして感情的にならないように。冷静に、冷静に……。

せっかく上司にアピールできるチャンスなのですから、上司に聴く耳を持ってもらわないといけません。

具体的な数値と言葉で冷静に訴える

6 気弱に見えることの利点

ときに、一見、弱々しくて頼りがいがない女のほうが、職場では敵をつくりにくいものです。

「この人、こんなふうで大丈夫なのかな?」

「こんなに気が弱そうで、この会社でやっていけるのかな?」

と思われていたほうが、野心のない女として、競争相手にみなされません。

逆に心配されて、手を差し伸べ、声をかけてくれる人がいたりしたらラッキーというもの。

相手を警戒《けいかい》させず、安心させる存在になる……これもひとつの社内政治力だと思います。

外銀で上司が外国人になったとき、英語がうまく話せない私は、会議でも職場でも黙《だま》っていることが多かった時期があります。

人事部に異動したばかりでしたので、まずは仕事を覚えるのに必死だったせいもあったと思います。毎週、英語でおこなわれていたチームの会議でも発言しない私を、上司は心配したのでしょう。

「きみに、女性のメンターをつける」と言いだしました。

しかも、そのメンターは他社から転職してきたばかりの、バリバリのキャリアウーマンの広報部長でした。

さっそく、一回目のランチミーティングがおこなわれました。

いま、社内で話題の人物である広報部長と待ち合わせ！

彼女を待たせてはいけないと、早めに待ち合わせ場所に到着した私は、待っているあいだもドキドキしていました。

社内で有名な彼女と二人で歩けるなんて！

ほかの人から見られたら「なぜ、あの二人が一緒に歩いているの？」と不思議に思われるだろうな？　うふふ……。

会議のため、少し遅れて登場した広報部長は、きりっとしたスーツに身を包みステキです。こちらは緊張しながらメンターをこころよく引き受けてくれたお礼を言うのが精いっぱい。

予約してあるレストランまでの道、テーブルでの会話、そのほとんどは私が、彼女の話を聴く役割でした。私がしゃべった時間は本当に少なかったのです。

初対面だったので自己紹介の紙まで用意していたのに、自分のことを話すチャンスはなかったように感じていました。

ところが、その後、彼女から私の上司にメンタリングの報告書が送られてきました。

そこに書いてあったのは、

「彼女はあなたが心配しているようなシャイではない」

その根拠も並んでおり、私は驚きました。

1時間のうち、私がほとんど話さなかったので「なんだかなー。これがメンタリング?」と思っていたのですが、短い会話から私の性格や考え方など、手に取るように分析されていたのです。

おそらく、彼女がした質問に、私が日ごろ温めていた自分の考えや意見を率直に伝えたことが、シャイではない印象を与えなかったのかもしれません。

さすが！　上になる人は人を見る目がするどいと思いました。

広報部長と知り合いというメリットは、その後の仕事に大きくプラスになりました。彼女が次々に提案する新しい企画について、私は他部署の人間でありながら、その情報をタイムリーに入手することができました。上司にシャイすぎる！　と思われたことが功を奏《そう》しました。

本当はそうじゃないのに弱々しく見えるのは、じつは強みに転じることができるのです。

相手を警戒させない人は手助けしてもらえる

7

自己主張ができるタイミングを待つ

社会人になりたての邦銀時代、会社生活のなかで「これはおかしいのではないか」とつねづね会社の方針に疑問を持ち、ストレスに感じていたことがありました。

ある日、勇気を出して、「これは会社にとって社員の本音を知るいいことなのだから」と、よかれと思って、上司である課長に、自分の考えをストレートに話しました。

「正直な意見を言ってくれてありがとう！　そんなふうに思っていたなんて気づかなかったよ。そんなに嫌なことなら、きみはムリにこのイベントには参加しなくていいから」

と、ものわかりのよい答えが返ってくることを信じて疑わなかったのです。

ところが実際は、期待とはまったく逆の反応をされて驚きました。課長は火のように怒り、「ちょっと来い！」と応接室に呼ばれて、さらに説教を受けました。

そのことが社内にあっという間に知れ渡ったことも、新人の私としては驚きでした。50人ほどの支店のみんなに「生意気な新人」として噂が広がったのです。同期からも「マー君（私のこと）、なにを言ったの？」と心配されるありさまでした。

OJT（実地訓練）で仕事を教わっていた先輩からも「生意気な新人」と言われ、その後しばらく口をきいてもらえなくなったのには参りました。

私にはとっても不思議なことでした。「なぜ？　どうして？」という思いでした。なにがそんなにいけなかったのか。「私は間違っていない」と思う一方、無視されることで、仕事を教えてもらえない困った事態はなんとかしなければ、と思いました。

いま、思い出しても私は間違ったことを言っていないと思いますが、自己主張をしていいタイミングを間違い、その言い方にも問題があったのだと反省します。

どんなに間違っていないと思う主張でも、相手がどんな状況で、どんなふうに伝えるかによって違ってきます。せっかくの主張が、ただ相手の神経を逆なでするだけでは、言わないほうがましだった……という残念な結果になります。

主張する相手が、自分の仕事で余裕がないときに話しかけても、逆効果です。

上司がどんな状況かは、上司の振る舞い、表情、机の上の書類の山などを観察すれば、ある程度わかるようになります。

上司にも上司がいることを忘れてはいけません。

上司は自分の上司と部下からの圧力のあいだに入り、板ばさみにもなります。管理職になってお給料が上がった分だけ、つらいことも増えてくるのです。


この件には後日談があります。当時40代だった課長とは、課長が定年退職されたとき、久しぶりにお会いする機会がありました。

課長は当時のことを覚えていて、

「反抗しよったな〜。覚えてるよ。あれはきみの言うとおりだったんだよ」

その後、支店長になって大阪に転勤（ご栄転）になった彼は、部下の女性に同じような指摘をされ、ハッとしたそうです。

私の上司だったころの課長は、大阪本店から熊本支店に異動になったことで「島流しにあった」という不満を抱えていたそうです。少しでも実績を上げて、目立ち、大阪に戻ってやるという意気込みで仕事をしていたそうです。

そんな上司の心境など、当時の私にはまったく想像もできないことでした。


上司に限らずですが、まずは相手の状況を考えてから行動したほうがいいですね。

さらに感情的にならないように、話す時間帯や場所（社内の会議室かランチタイムのレストランか、コーヒータイムの喫茶店か、など）、そして相手の精神状態を考えて、話を持っていく。

主張することがあることはステキなことです。

だけど、言いたいことをただ言えばよい、というわけではないのです。

なにごとにも行動を起こすには、タイミングをはかることが大事ですね。

意見を主張するときは、相手の状況を考えてから

8

部下に自分の価値観を押しつけない

初めて部下を持ったとき、部下にどう接したらいいのかまるでわからず、不安になった経験があります。

当時の上司にその不安を伝えると「僕もだれにも教わったことがありません」という答えが返ってきて、ますます途方にくれました。

「そんなこと、いちいち聞くな。自分で考えろ」と上司は言いたかったのだと思います。

部下を持たされたとき、いままでの自分から、ガラリと変えなければならない部分があります。それは力の配分です。

仕事のスキルを磨けばすんでいた自分に、会社の方向性や目標を意識する、上司に加えて部下とのコミュニケーションに時間を使うという、プラスアルファが求められます。

ポジションが人を育てるといいます。

最初から、正しい答えは見つかりません。

なぜなら、違う人間同士が一緒に働くのですから、部下Aに通用することが、部下Bに同じように通用するとは限りません。そこがチャレンジであり、面白いところです。

上司としての立場を経験し、失敗し、壁にぶつかりながら成長していくしかありません。

まず、部下の話に耳を傾け、自分と違う価値観に違和感を持っても、批判しないことです。部下には部下の考え方があり、その世界観のなかで生きています。世代のギャップを感じたら、「ほ〜、そんな世界がありましたか！　知らなかった〜。なるほど」と、興味深く受け入れたほうがいいのです。


外銀時代のあるとき、新卒二年目の男性の部下ができました。

仕事を教えながらいつも感じたのは、彼が、私の説明を理解したかどうかわからないストレスでした。

「わからないのか、わかったのか、どっちなのか返事しなさいよ」

と一度注意したことがあったのですが、彼はムスッとして「はい」と答え、その後も変わらない態度を私にとりました。

ところが、様子を見ているうちにわかってきました。彼は熟考するタイプだったのです。物事を深く掘り下げて考え、理解し、納得し、次のステップに進むやり方をしていました。

部下は「はい、わかりました」「ここがわかりません」とすぐに反応するのが当たり前と思いこんでいた私にとって、新鮮な出来事でした。

彼が一人前に育つのは早く、その後、別の部署に移った私の後任になり、どんどん力を発揮し出世していきました。

先年、前職の仲間の結婚披露宴に行くと、彼が新婦側の主賓《しゅひん》でした。同じテーブルの私は彼の挨拶のとき、ドキドキしたものです。もう、あのころの新米の彼ではありませんでした。立派な挨拶をして席に戻った彼をまぶしく眺《なが》めました。

自分の価値観を押しつけず、「私（の世代で）は、こういう考え方をしてね……」と、部下と一緒に違いを噛みしめて、お互い「そんな違いがあるんですねー」と発見を積み重ねていくほうが建設的です。

上司が私の価値観を受け止めてくれたことで、嫌な仕事も淡々《たんたん》とできたことがあります。

外銀時代、年に一日だけ「キッズデー」がありました。社員の子どもが会社に来てもいいという日です。親である社員も職場を離れ、その日は仕事になりません。子どもや配偶者と一緒にランチを食べ、職場見学をしたりするのです。

私はこの日が正直、苦手でした。職場を子どもが走り回ると、気が散って仕事に集中できません。そのうえ、「かわいいですね」と、お世辞《せじ》を言わなくてはいけない空気をうっとうしく思っていました。

同僚の女性は「あら〜、かわいい〜！」と声をあげ、上司とにこやかに話していたので、「キッズデー好きなの？」とこっそり聞いてみたら「え?! 大っ嫌いです」という答えが返ってきて、うれしく思いました。

あー、みんな無理してとりつくろっているんだなーと。

ところがその後、人事に移った私は、キッズデーの担当者になったのです。仕事ですからやるしかありませんが、上司には本音（この仕事がイヤな理由）をぶつけました。

上司は驚いていました。

「キッズデーは社員全員が楽しんでいると思っていた。嫌っている人がいたなんて……」

毎年恒例ではなく、2年おきくらいにしたらどうか？　さらにプラスアルファで、休日にオフィスから家族連れで花火大会を見る会の提案をしたら、上司は私の意見を批判しないで、耳を傾けてくれたのです。

部下が上司に本音を言えるのは、ふだんの人間関係がうまくいっているかどうかによります。私は本音を吐《は》きだせたので、キッズデーの企画と実施という仕事も前向きに受け止めることができました。

部下の本音を引き出すと、思わぬアイディアに出会う可能性があります。

考え方の違いは
興味を持って受け入れる

9

部下の力を上手に借りる

部下は、上司だからといって「完璧さ」を求めてはいません。

むしろ人間的なものを求めています。

人間的というのは、仕事に対するプロフェッショナルさとは別のもの。それは、あたたかさ、正直さ、誠実さです。

上司として自分の苦手分野を嘆《なげ》いたり、不甲斐《ふがい》なさを責めても仕方がありません。ほかにすぐれた部分があるからこそ、いまのポジションに就いているのです。

「こんな私では、部下にバカにされるかも」とプレッシャーに感じる必要もありません。

部下に、こう思わせればいいのです。

「まったく、しょうがないわね〜、うちの上司は。私たちが守ってあげないと」

そうです。部下の力を借りて、仕事を達成していけばいいのです。

あるいは、意図的に、「あなたにやってもらうと、助かる！」と、部下にやってもらい、上司であるあなたが、部下へフォロワーシップを発揮するのです。

部下は、責任ある仕事を任されたことにより、リーダーシップを発揮し、主体的に仕事をする経験を積むことができます。

「上司たるもの、こうあらねばいけない」と勝手な理想像を自分に押しつけないでいいのです。

あえて、弱い自分を認めて、部下にさらけ出す。

部下は、上司との垣根が低くなったように感じるものです。そこで部下のフォロワーシップを引き出すのも上司の力です。

人は、見かけによらず、意外なところに不得意を抱えています。

外銀時代の上司は、リーダーシップ研修で、社員にコミュニケーションを教えていました。教え方がうまいと評判で、外国にまで出張して教えていました。

私もその研修の受講生として参加しました。ひきこまれる話し方、間のとり方が絶妙で、上司のことを誇らしく思ったものです。

ところが、実際には自分の部下とのコミュニケーションがとても苦手だったのです。

だからといって、「言っていることとやっていることが違うじゃない！」と上司をバカにしたりはしません。逆にそのつっこみどころが、空気を和《やわ》らげ、かえって部下のほうから話しかけやすくなったものです。

自分の苦手なところはオープンにする

10

人間関係をよくする「ギブギブ＆テイク」

クレーム処理にてこずってため息が出たり、理不尽な出来事に遭遇《そうぐう》して落ち込んでいるとき、「大丈夫？」のひと言をかけられたことで、気持ちが軽くなった経験はありませんか。

「困ったな。どうしよう?!」

とピンチのとき、だれかに助けてもらったら、神の手を差し伸べられたようにうれしいですよね。

「ありがとう！　おかげで助かりました」

の感謝の気持ちの次には、今度は私から恩返しをしようと思います。

親切というギフトを受け取る（テイク）と、受け取ったままだと相手に「悪いな〜。申し訳ない」という気持ちになり、ちょっとした心の負担になります。感謝のうれしさと一緒に「お返しをしなくちゃ」という負い目のようなものも生まれます。

人の気持ちはいつもすっきりとはいきません。やっかいなものですね。

もらったボールは、相手が受け取りやすいようにそっと投げ返す（ギブ）と、そこからボールのやりとりがはじまります。

一方で、人に親切にした場合、相手に見返りを期待してしまうと、自分が苦しくなります。

「あの人、なんで、受け取ったボールを投げ返さないの？」

と不満やストレスをためてしまいます。

そうなると、せっかく親切にしたことが逆効果です。というか、台なしです。そんな状況は避けたいですよね。

ですから、自分が投げたボール＝「ギブしたこと」は忘れてしまったほうが精神衛生上いいと思います。

会社のなかで、いざというときには、この「ギブの貯金」が自分を助けることになります。大げさなことではないのです。だれにでもできることです。

人への「気遣い」は、小さいけれど「ギブ」です。前向きなサービス精神といってもいいと思います。

社内を見渡して、困った人に敏感になる。

その人の立場だったら、どうしてほしいか、想像するのです。

その人に役立つ情報を知っていれば教えてあげます。

そうすると、コミュニケーションのとっかかりができますから、今度は別な場面でこちらから「このことで困っているんですが、〇〇さんのお知恵をお借りできないですか？」と、話しやすくなります。相手も借りを返せてホッとするものです。

小さなことの積み重ねです。

コピー機の前で、紙詰まりで困っている人がいたら、手伝います。

「それは、私の仕事じゃないもの」と、知っているのに知らんぷりをして通りすぎるのと、ちょっとお手伝いして助けるのとでは、その後の人間関係に大きく違いが出てきます。

ギブはこちらから最初に与える。

それも、複数の人に与える。
もし、テイクを先にもらったら、なにかの機会にギブでお返しする。
貸し借りでいうと、「貸しの残高をいつも多めにしておく」＝ギブギブです。
ギブ＆テイクは、人と人の心のキャッチボールなのです。

日ごろから「ギブの貯金」を心がける

11

無駄な敵をつくらない

社内の仕事をあれこれ経験しながら、その経験を本当にやりたい仕事に結びつけていけたら、こんなに意義のあるステキなことはありません。

そのためには、社内に無駄な敵をつくらないことです。

正直にいうと、私にも当てはまるのですが、女性はちょっとしたことで、自分とだれかを比較しては、妬《ねた》んだり嫉《そね》んだりする傾向があります。

自分より相手が幸せな状態を素直に喜べない一瞬は、だれにでも少しはあるのではないでしょうか。人は神様のように完璧ではありません。

上司、同僚、部下に嫉妬《しっと》の感情が芽生えたら、その自然にわき起こる感情をいったん受け入れたらいいと思います。

「あら、私ったら、あの人に焼きもちを焼いてる」

と、正直に認めてください。

次に、嫉妬のエネルギーを相手ではなくて、じゃあ自分はどうしたらその人のように幸せな状態を手にすることができるのか、に向けてほしいのです。

ネガティブな感情をポジティブに変えることは、視点をずらすことで可能です。

外銀時代にこんなことがありました。派遣社員として働いていた女性が、一度退職をした後、正社員になって部門の管理職として戻ってきたのです。

派遣社員時代に仲間だった人たち、彼女を使っていた上司は、この逆転劇が面白くなかったのでしょう。

「なによ！　ハケンあがりのくせに」というひそひそ声が聞こえてきました。恐ろしいことです。

派遣時代の彼女を知らない私は、そんな逆風に負けないでほしいと思いました。

嫉妬されるとわかっていて、パワーアップして戻ってきた彼女に、逆に尊敬の念を抱きました。

同じ部門にいながら、「ハケンあがり」のレッテルを貼った人たちは、彼女にわざと回覧板を回さない、などの意地悪をしていました。

だれかの足を引っ張ることを考えるだけの余裕がある。ということは、きっと仕事がヒマなのだろうと私は思っていました。

だれかの足を引っ張ることで、その部門の生産性が少しでも落ちれば、結局、まわりまわって自分の評価まで落としていくことに気がついてほしいですね。

それに、意地悪をする人に限って、残業の日々で疲弊《ひへい》し、表情が暗いのです。無駄な敵をつくることによって、自分の仕事に集中できていないのです。

残業で疲れ、はけ口を意地悪に向ける……。

この悪循環で人相まで悪くなるなんて、損なことです。

無駄な敵は、つくるだけ損です。

せっかく働くなら、暗い顔より、明るい顔でいたいものです。

明るい人に人は寄っていきます。
どうせ敵をつくるなら、好敵手《ライバル》です。
お互いに切磋《せっさ》琢磨《たくま》し、心も仕事もスキルアップできる仲間（敵）を探しましょう！

どうせつくるなら好敵手《ライバル》を！

12

正論だけで人を動かそうとしない

仕事をしていると、人のリアクションに対してカチン！　とくることがあります。

「そんな態度とらなくてもいいじゃない！」

「そんな言い方ってないじゃない！」

カーッと頭に血がのぼると、しばらくネガティブな感情でいっぱいになります。気分の悪い状態から、そう簡単にポジティブには切り替えられませんよね。

そんなとき、この言葉を思い出すようにしています。

人は、だれでも守りたい大切なものを抱えています。

だからこそ、みな、日々なにかに傷ついていることを想像しましょう。

そうすれば、やさしい気持ちで人に接することができます。

これは、たまたま乗った飛行機の、席の前ポケットに入っていた季刊誌に書いてあった言葉です。何の気なしにぱらぱらとページを開いたら、この文章が目に飛び込んできたような気がします。なにかを求めていると、不思議と天から声が降ってくるのかもしれません。

そのころ、私より年上の男性の部下に対して、その仕事ぶりが私の期待をことごとく下回ったことでイライラしていました。

私は、「なぜ同じ間違いをくり返すのか？」「なぜ自分で学ぼうとしないのか」という言葉を、キツい口調で彼に投げかけてしまったのです。彼の態度は相変わらずで、改善される気配はありませんでした。

もっともなことを言ったとはいえ、言い方が悪かったな……。

部下とはいえ、年上の男性に対して尊敬の気持ちを失い、自分のストレスをそのまま相手にぶつけてしまった……。

と、後味の悪い気分でいたところ、この文章に出会ったのです。

正論で相手を追い詰めても、何の解決にもならない。
部下に対してとった言動のことを反省させられました。

私は頃合いを見はからって、自分の言い方がキツかったことを彼に謝りました。そして、彼の話に耳を傾けました。

「いま、なにか困っていることはありますか？」

すると、奥さんも仕事をしており、3人の子どもの保育園の送り迎えで、朝から大変に忙しいことがわかりました。話を聴くことで、会話が生まれ、私と彼とのわだかまりがしだいに溶けていくのを感じました。

その人をとりまく事情がわかれば、あれこれと対策が考えられるようになります。
家族のケアで、仕事との両立に悩む人も多いと思います。
プライベートなことは職場では話さないほうが美徳、のような部分もたしかにあります。

だけど、その人の守るべき大事なことのために、職場の上司や仲間でサポートできることがあれば、そこはお互いさまの精神ではないでしょうか。

プライベートがうまくいかないと、仕事もうまくいきませんからね。

若い人にとっては、年上の人々の仕事の経験はもちろんのこと、仕事以外のプライベートな部分も含めていろいろな経験談を聴くことが、学びの場となります。

あなたにとって守りたい人がいつ病気になるか、わかりません。

これからの高齢化社会には、身近な人に介護が必要になるケースは、責任あるポジションの年代の人ほど増えていくと考えられます。

私たちはロボットではなく、血の通った人間です。信頼という情によってお互いを思いやる気持ちを持ちつづけながら、仕事を前に進めていく必要があると思います。

相手の事情に耳を傾ける
思いやりを持つ

第4章

女を敵に回さず、ソツなく立ち回る方法

1 嫉妬《しっと》の感情をどう扱うか

女の敵は女であることは、女は体験から知っています。それも小さいときから、身をもって気がついています。

子どものころ、近所のお友だちのよしこちゃんが、リカちゃん人形のセットを買ってもらってご機嫌《きげん》でした。

赤いビニールのお家の中にリビングルームと台所があり、そこにパパ、ママの人形もあり、着せ替えのレースのついた可愛い柄の洋服まで用意されていました。パパはかっこいいパイロットの服を着ていた記憶があります。

ロングヘアで足が長く、目がパッチリで美人なリカちゃんと、スタイリッシュでお金持ちの家族。子ども心にもうっとりしました。

遊び仲間の何人かがそのセットを持っていたので、よしこちゃんの家に集まっては人形ごっこに夢中になっていたあのころ……。

母親に「ねえ、よしこちゃんたちが持っているから、リカちゃん人形を買ってほしい」と、いつになく勇気を出して欲しいものを口にした私でしたが、「いいよ」とは言ってくれません。

かわりに白い犬のぬいぐるみをデパートで買い与えられたときは、不満でいっぱい。なぜリカちゃんが犬になるのか？　理解不能でした。

「こんなスピッツのぬいぐるみなんて欲しくないし、みんなの人形遊びに入れないじゃない！　また貧乏なお家の子と言われちゃう……。なぜ娘の気持ちがわからないの?!」

思いどおりに動いてくれない母親への怒りと同時に、リカちゃん人形を買ってもらっていたよしこちゃんたちに嫉妬《しっと》しましたね～。

大人になってこのことを母に話したら、「ああ、あのときはお金がなかったからよ」と言われて納得したものです。

子ども同士の世界もけっこうシビアでした。

自分が「これが欲しいな～」「これがあったら幸せなのに～」と身をよじらせながら手に入れたいものを、ほかの女の子がなんの苦労もしないで、当然のように持っている、身につけている……。

そして、それが欲しいのに自分の手には入らないという事実を知ったときの敗北感、劣等《れっとう》感、みじめな気持ちは何度も経験してきました。

子どものころから肌で感じてきたこと……。ほかの女の子と自分を比べ、なにかにつけて優劣をつけてしまう感覚は、大人になっても変わることはありません。

むしろ比べるものがだんだんと増えていき、競争心はエスカレートしていくばかりです。

嫉妬する側、嫉妬される側の戦い《バトル》は、いくら年齢を重ねても変わらない女の業《ごう》のようなものかもしれませんね。

けっして顔には出さないようにしてはいるけど、嫉妬に燃える瞬間というのは、日常的に私たちのなかにあるのではないでしょうか？

学生時代から細身の女の子に憧《あこが》れていた私は、邦銀時代、同期の女性のほっそりとしたウエストや足をうらやましく思ったものです。

同じ銀行の制服を着ているのに、なぜこうも差が出てしまうのか……。ときどき泣きたい気持ちでした。

彼女と並ぶと自分の不細工さが強調されます。消えてしまいたくなっていました。

いま思えば、自意識過剰な部分もありましたが、「○○ちゃんはお嫁さん候補ナンバーワンだって〜」と同期会で可愛い女の子がチヤホヤされるのを見て、「ふんっ！」と思ったものです。

自然にわき起こる妬みの感情をまずは受け止め、冷静になるのが大人の女。

相手への嫉妬の感情を持ちつづけると、イヤな想いが身体に充満し、負の連鎖はエンドレス。

どこかで断ち切って頭をクリアにしていかないと、時間がもったいないないし、卑屈《ひくつ》になって、せっかくの自分らしい強みを失うことも避けたいものです。

嫉妬を感じる相手を敵に回しても仕方がありません。ますます自分がみじめになるだけだからです。

嫉妬を感じる人とは仲良しになったほうが絶対に得！

まずは、褒《ほ》めたたえ、彼女からなにかを学ぶしたたかさを持つのです。スタイルや美貌《びぼう》をつくる秘訣を教えてもらうことも、自分にとってプラスです。

逆に、なにかの拍子に仕事がうまく回る、プライベートで幸せな出来事があると、今度は嫉妬される側になります。

いままで普通に付き合ってきたのに、急に友だちの目つきや、ものの言い方、態度がいつもと違い、冷淡になるのに気がつき、「どうして？」と気に病《や》むことになります。

そのほとんどは嫉妬からきています。

それと同時に、うまくいっている幸せなあなたが遠くに行ってしまったようで、置いてきぼりになった感じが寂しいのです。

そうとわかれば、気にしないことです。ひょうひょうとしてふだんどおり涼しい顔をして、嫉妬に気がつかないふりをしていれば、いつか足を引っ張ってやろうという人の気持ちも萎《な》えます。

「こんな鈍感な人だったなんてねえ……」

と相手より「下」に見られるような弱点や欠点をアピールできれば、なおいいですね。

そのほうが、ものごとが平和に回っていきます。

嫉妬されたら欠点をアピールする

2

女の武器の効果的な使い方

「あなた、涙も武器に使わなきゃ。ここぞというとき、上司の前で泣くのよ」
と外銀時代の女性の管理職の先輩にアドバイスされて、驚いたことがあります。自分の意見が上司に通らなくて困っていたときでした。

人前で泣くなんて！

しかも、自分の意見を通すために戦略的に泣くなんて！

そのときの私は、彼女のアドバイスに反感を持ちました。日ごろ慕《した》っていた先輩でしたので、ちょっと複雑な心境になりました。

「え？　先輩は、いまのポジションを勝ち取るのに、涙を使ったの?!」「そんなことしていいの？　信じられない！」と、心のなかで先輩を責めました。潔癖《けっぺき》症のごとく、涙をととん悪いもののように思っていたのですね。仕事の場で泣き顔を人前にさらすのは、もっとも幼稚《ようち》で恥ずかしいことと信じていたのです。

しかし、会社生活のなかでは、感情の波はいつも穏やかとはいきません。自然にわき起こる感情の波を、完全にコントロールするのも無理な話です。

私たちは生身の人間ですからね。泣きたくなるときは、ある現象に関して自分に向けての「くやしさ、情けなさ、怒り、ショック、悲しさ」があるでしょう。だれかに同情し、感情移入して、一緒に泣くという場面もあるかもしれません。

「泣く」という行動にも、いろんな泣き方があるものです。

突っ伏してワーワー泣く人は、感情丸出しで赤ちゃんのように未熟です。一方で、泣くまいと必死に涙をこらえ、奥歯を噛みしめても、涙が目からあふれるときもあります。

そんなときは「すみません」と言って、さりげなくハンカチを使う。

ふだん泣かない人がこんな仕草をすると、まわりは、時間をとって落ち着かせてあげようとしたり、「大丈夫?」と声をかけないまでも、その人をケアしなければと思います。

あるいは、人前で泣くとみんなに心配かけるからと、トイレに駆け込んで泣いた後。どんなにとりつくろっても、人には「あ、いま、トイレで隠れて泣いたんだな」と伝わります。目も鼻も、泣いた後に見られる充血は、そう簡単に短時間では元に戻りません。泣く原因をつくった環境に戻るのですから、事情が伝わっている仲間にはバレています。この場合、隠れて泣いたというメッセージが、いじらしく思え、これも好感を持たれます。


「泣く」というときには、冷静さが求められます。

だれの前で泣くのか、あるいは、泣いた事実をどのように知られるのか。

要は、泣き方、涙の見せ方、タイミングです。

なにより避けたいのは、いつもいつも泣いてしまうこと。

「おいおい、また始まったよ……」と思われ、なんの効果もありません。自分を客観的に見ておかないと、女からも男からも「すぐ泣く女」と敬遠されます。


女の武器には、ほかにもいろいろありますよね。チャーミングな笑顔や、電話の受け答えの愛想《あいそ》のよさ。（これは男女とも武器になります）

では、ぶりっこ、お色気、甘えん坊……これはどうでしょうか？

いつもは、冷静沈着でこれらの対極にあるようなマジメな女性が、ちらっと見せるぶりっこやお色気、甘えは、相手をハッとさせる武器になりえますね。

泣くようなつらく悲しい出来事があっても、切り替えが早いのが女のいいところ。

泣いた本人が、時間がたって、「え？　私が泣いた？　うっそ〜？」と自分の照れを「笑い」で吹き飛ばすくらいのおおらかさも必要ですね。まわりをホッと安心させます。

ネガティブな感情を、なにか自分がルンルンできる好きなもの（イケメン社員を眺《なが》めて機嫌をなおすなど）に方向を変え、落ち込みからいち早く脱出するのです。

「ジメジメといつまでも引きずる女と一緒にいると、こちらまでジメジメが移っちゃう」と思われないことです。

涙は見せ方によって武器にも欠点にもなる

3

幸せなプライベートは全開にしない

そのひと言を言わなきゃいいのに～！　と教えてあげたくなる人がいます。

たとえば、こんなひと言に女はカチンときます。写真見せてなんて頼んでいないのに、

「写真見ます？　こんなに可愛くなったんですよー」

産休・育休でしばらく休職し、ようやく復帰して、さあ、これから！　というときに、子どもの話を長々と職場でする女性……。それを聞かされているのは、彼女がいないあいだ、彼女の仕事をカバーした女性です。

自分の仕事にプラスアルファの負担がかかり、なんとか残業の嵐で切り抜けた。そんなお世話になった女性の前で、うれしそうに長々と話す話題ではありません。

職場では、発する言葉にも配慮しないといけません。

聞く人によっては自慢《じまん》にとられるようなうれしい出来事を、思わず口にする無邪気《むじゃき》さも、ときには人間的に映るかもしれません。

でも、自分の幸せなプライベートを、それを持っていない人、持ちたがっているのに叶《かな》っていない人に向かって、うれしそうに延々としゃべるのは、まったくのNGです。

また、産休・育休や時短休をとる際に、

「就業規則にも書いてあるし、社員にとっては当然の権利なのだから、周囲に気を遣うことはないわ。上司にも許可を取ってあるし、私の分をみんながカバーするのは当然……」

という考えの人も反発をくらいます。

仕事をカバーする人の気持ちになってみる。自分の仕事以外に負担がかかることを想像してみる。相手の立場になって話をしないと、本人に悪気がないだけによけいに嫌われます。

そうして敬遠されるようになった彼女は、まわりの反応が冷たくなったなどと、愚痴《ぐち》をこぼすようになります。

日ごろから、さりげなく自分の状況を周囲に伝えて、理解してもらえる土壌《どじょう》をつくっておくテクニックも必要ですね。

子どもが熱を出し、急に早く帰る必要に迫られたときにも、「ああ、代わりにやっとくから、早く帰って!」と言ってもらえる環境をつくれるように心がけます。

これは、私の経験談です。会社の新しいプロジェクトの関係で、ものすごく忙《いそが》しい日々がつづいた年がありました。そんなとき、部下の女性が産休に入りました。

人員の補充はなかったので、残りのメンバーで彼女の仕事を分担し、毎日毎日が残業だったある日、産休中の彼女から「生まれました〜」の電話がかかってきました。

私は、仲間からお金を集め、彼女の希望のお祝いを買い、休日に彼女の自宅を訪ねました。自宅は、わが家から歩いていける距離だったのです。

「おめでとう!」と彼女にお祝いを渡し、お茶をいただいていたときです。

「私、ちょうど忙しいときに産休に入れてラッキーでした」

と、彼女が言ったのです。

残業つづきで疲れ果てている他のメンバーの顔が浮かび、産休中の彼女にものすごく怒りの感情が芽生えました。それを言うなら「こんなに忙しいときに、お休みして申し訳ない。みんなにお世話になっています」でしょう?!

怒りをこらえながら帰ろうとしたとき、「抱っこします?」と寝ている赤ちゃんを腕に渡されました。

あたたかい体温と、ミルクの匂い……。

私は怒りと混乱から、今度は泣きたくなりました。

帰りの道を歩きながら、「幸せ」って何なんだろう? と思いました。

翌日、上司から、「彼女、どうしてた?」とたずねられても、「母子ともに元気でしたよ」と言うのがやっとでした。

「それはよかった」という上司に、私は固い表情をしていたと思います。

無神経なひと言や考え方は女の反感を買う

4

机の上の私物でさりげなく自己PR

長い時間を過ごす会社の机の上をどのように整理整頓《せいとん》したり、飾ったりしていますか？ そのスペースは仕事モード満載の場所でしょうけど、社外から戻ってきたときなどホッとする場所でもありますよね。

会社によっては、机に私物を置くことを禁止している会社もあるようです。

職場の自分の机の上に、私たちはいろんな私物を置きます。

家族の写真、風景がきれいな卓上カレンダー、ひいきのサッカーチームの応援グッズ、小さな観葉植物、ぬいぐるみ、スタイリッシュなペン立て、可愛いクリップ入れ、お気に入りのロゴが入ったマグカップなどなど。

毎日、できるだけ好きなものに囲まれて仕事をしたい。イヤなことがあってもそれを見れば、ちょっとは気分も上向きに変われるから！　なんていう理由もありますよね。

机の上になにを置くか、置かないかは、重要なメッセージです。「自分が楽しければ、それでいいじゃない♪」に、プラスアルファをするのです。

あなたがランチでいないとき、退社した後も、机の上はあらゆる人から見られています。まわりからよけいな嫉妬をされないように、自分にとってうれしい写真は考えて置きます。

そんな小さなことまで……と思うかもしれませんが、けっこう机の上は注目され、ときには人間関係（コミュニケーション）の障害である「ノイズ」になったりします。

コンパクトな紙の加湿器を机に置いていた30代の女性がいました。水をとり替えないので、紙が汚れているのがだれの目にも明らかでした。

加湿器の効果というより、逆効果の雰囲気を漂わせていたとき、50代の先輩女性が声をかけました。

「あなた、加湿器の水替えたら？　紙が茶色になってるわよ」

指摘されてムッときたのか、30代の女性がこう答えました。

「ああ、そうですね。私もオバサンですから。加湿器がないと乾燥しちゃって大変なんですよね～」

30代の彼女が自分をオバサンと言ったことに、隣にいた当時40代だった私も面白くない感じがしていたら、50代の先輩も、

「ちょっと、ここでオバサン発言はないわよ！　私の前でそんな発言しないでくれる？」

と応酬《おうしゅう》。気まずい空気が一瞬、オフィスに流れました。


コミュニケーションのきっかけを、どうつくり、どう生かしていくかですよね。

こんなこともありました。

私が45歳で大学院に入ったとき、取引先の方から合格祝いとしてお花が会社に贈られてきました。アレンジメントの花かごに、アドバルーンのような風船がついていました。その風船にはCongratulations!という文字が派手な色で書いてありました。

うれしかった私は、お花が枯れてしまった後も、風船だけは残していました。

すると、人事部長がたまたま私の机の前を通り、風船を見て、「これなに？」と話しかけてくれました。私は大学院に合格した事実を、人事部長に伝えることができたのです。「いま、幸せ？」と聞かれたので、満面の笑みで「おかげさまで！」と答えました。「それはよかった」と声をかけてくれた人事部長を見送りながら、風船がなかったら、人事部長に大学院のことを伝えるきっかけはなかっただろうなと思いました。

風船つきの花を贈ってくださった方に、感謝しました。

これはアピールしてもいいな！　と見きわめたら、やってみましょう。

思いがけない人が声をかけてくれ、そこから人生が変わるきっかけをつかめるかもしれません。

机の上からコミュニケーションが生まれる

5

「女は根に持つ」を忘れない

職場にはいろいろな年齢の人がいます。だからこそお互いの世代の違いから新しいものが生まれ、刺激しあい、学びにつなげていけるのだと思います。

お互い、育った時代背景や、家庭環境、経験値が違いますから、どんな人ともですが、最初から人間関係がうまくいくわけはない、と思っていたほうが無難《ぶなん》です。

なにごとも最初から「うまくいく」と期待しすぎると、うまくいかなかったとき、「こんなはずでは……」とダメージが大きくなります。だから、最初からうまくいかないことを前提に、コミュニケーションは慎重《しんちょう》にしたほうがいいのです。

そうすると、小さないいことでも、ものすごくうれしい気分になります。

私の職場に、エクセルを使いこなすA子さんがいました。年齢は20代後半です。なにごとにも負けず嫌いで、頑張り屋さんです。

同じ職場の先輩にB子さんがいました。40代後半です。社歴が長いので、仕事のことはなんでも知っています。でも、弱点がありました。ITに弱く、エクセルは最初から手をつけず、ほかの人に頼んでやってもらっていたのです。

そんなB子さんが、プロジェクトメンバーに選ばれ、私たちの部署を代表して参加していました。その仕事には、エクセルを使わなければ先に進めないものがありました。

B子さんは思いきってA子さんに、「悪いけど、このシートに計算式を入れるやり方教えてくれる？」と頼みました。A子さんは「いいですよ」と即答し、B子さんの机に座って、チャカチャカと入力し、終わりました！　と言うと、B子さんが、

「あの、もっとゆっくりやってもらえる？　私も覚えるから……」

ここでB子さんが席に座り、A子さんがB子さんの席の後ろに立ち、口頭で教えるというやり方になりました。

計算式が無事に入り計算が可能になったとき、A子さんが手をパチパチと叩《たた》き、声高らかに言い放ちました。

「B子さん、やればできるじゃないですか～」

B子さんの顔は泣きそうなくらいこわばっており、A子さんの勝ち誇ったような顔と対照的でした。A子さんの「やればできるじゃないですか～」は褒《ほ》めているのではなく、相手を小馬鹿にした、いつもの仕返しよ！　と言わんばかりの意地悪な感情が含まれていました。B子さんの、先輩としてのメンツを完全につぶしたのです。

数年後、B子さんが退職し、かわりにチームリーダーとなったA子さんは、B子さんから仕事の引き継ぎを受けることができませんでした。A子さんは「引き継ぎをしてください」と頼みましたが、B子さんはなにかと理由をつけて、きちんとした引き継ぎをしないまま辞めていきました。結局、自分のしたこと……B子さんのメンツをつぶしたことの仕返しが、A子さんにブーメランのように返ってきたのです。

人のメンツをつぶすとロクなことはない

6

社内ゴシップの上手な対処法

女性が人の話に耳を傾ける能力は、男性より高い傾向にあります。

阿川佐和子《あがわさわこ》さんの著書『聞く力』が、大ベストセラーになりましたね。

女性の聞く力はすばらしい能力です。相手に気持ちよくしゃべってもらう能力、これを仕事に生かさないのはもったいない話です。

女性は噂《うわさ》話や、人の悪口、スキャンダルにはビビッドに反応し、すぐ首を突っ込みたくなります。

「なになに？　どうしたの？」

他人《ひと》が当然のように知っている情報を、自分が知らないことへの焦《あせ》り、仲間はずれになることへの恐れが、そうさせるのかもしれません。

テレビのワイドショーでは延々、事件の裏話や芸能ネタで盛り上がっています。この手の番組が消えてなくならないのは、見る人がつねに大勢いるということなのでしょうね。

それだけ、ある現象の裏側にあるドロドロしたものや刺激を求めているのだと思います。自分と比較し、「ああ、私のほうがまだマシだわ」とか、「私のほうが幸せだわ。よかったー」と確認し、安心しているのです。

人の不幸は蜜《みつ》の味、といいますよね。


社内の噂話も侮《あなど》れません。

火のないところに煙は立ちませんから、なんらかの事実があり、それに尾ひれがつくこともあります。噂のすべてが真実ではないけれど、なんらかの予兆《よちょう》や、社内の人間関係に微妙に影響していく場合があります。

女子更衣室、洗面所、給湯室、ランチタイムの雑談……。仕事に直接関係ないような人間関係についての情報は、こういう場所に落ちています。

ひそひそ話の内容は、耳ダンボで聞いておき、そっと胸にしまいます。同意や意見を求められたら、「へぇ～、そうなの。知らなかった～」と、知っていても知らないフリをします。

ここで、「そうだよねー」と同調しないことです。同調したら、「あの人も噂してたけど……」と、あなたが言ったように噂が広まるリスクがあります。

また、情報源は複数持っていたほうがいいですね。見る角度が変われば、情報の形も変わります。

ひとりからの情報のみを信じてしまったら、それがまったくのでたらめだったとき、あなたは、自分の言動のバランスを修正しないといけなくなります。

情報の出どころをいくつか持ち、情報源も明かさない。

人の悪口は言わない。

「私、口が堅いから」と自分で言う人は信用できません。

そんな人に限って「ここだけの話だけどね」とみんなに言います。
なにかの情報を意図《いと》的に流したいのなら、そんな人に話すのも手ですね。
口が堅いかどうかを決めるのは、自分ではありません。
まわりの人間たちが、どう評価しているかです。

噂話には知らないフリをして同調しない

7

発言力のある女と親しくなる

発言力のある女というのはどんな人かというと、職場で良くも悪くも影響力を持つ女性です。その人の言ったことに、みんなが従わざるをえない空気をつくりだすような力。あるいは、まわりでグチャグチャいろんな話が飛び交っているのを一瞬にして黙らせる力のことです。会社での職位が上の女性だと、組織のヒエラルキーとして当然持つべき発言力といえるでしょう。

一方で、職位とは関係なく、だれが見てもわかる「ああ、あの人、強そう……」というボス的存在の人もいます。この場合は目に見えるので、わかりやすくていいですよね。

ボス的存在の女性に嫌われると、快適な会社生活に暗雲がたちこめ、せっかく面白く働こうと思っているあなたにとっては、思いがけない障害になることがあります。

そんな面倒な事態にならないように、彼女の地雷《じらい》（あるいは尻尾《しっぽ》）を踏まないように、仕事場だけでなく更衣室や休憩室での立ち居振る舞いに気をつけるのはみなさん、自然にやっていることだと思います。

ここで気を抜いてほしくないのは、黙《だま》っていてもその影響力を持っている人に対してです。今度は、だれの目から見ても目立っているとはいえない女性です。見た目は地味な存在だけど、じつはものすごく発言力のある女性がいます。

それは、社歴の長い女性たちです。

彼女たちは、歩く会社の歴史、〝歴女〟なのです。いまある会社がたどってきた道のりをコツコツ歩いて、体験し、生き残った人たちですから侮《あなど》れません。

彼女と同期で入社した男性たちは偉くなって、部長や専務など、それなりのポジションに就いていることが多いのです。

職場のゴシップや人間関係のあれこれは、彼女を通して、会社の偉い人に伝わっている可能性が大いに考えられます。

外銀の人事部時代の新入社員研修での出来事でした。

ある部門長は伝説的なやり手の人で、入社してまもない新人たちからも圧倒的な人気がありました。私もそう簡単に口がきける人ではなかったので、研修のプログラムで、新人たちにプレゼンする様子を遠くから眺《なが》めていました。

ところが、休憩時間にオフィスに戻ると、私の先輩の席に部門長が座り、なんと先輩が彼の肩を揉《も》んでいるではありませんか！

「えっ、なぜ？　どうして？」

先輩は部門長のことを「あきらちゃん」と呼んでいます。

「ちょっと～、仕事のしすぎじゃない？　このへん凝《こ》ってるよ～」なんて軽口を叩《たた》いています。なにが起こったのかと思いました。あとで先輩に聞くと、同期入社とのこと。

「あきらちゃんも偉くなってさ～」

若いころの、やんちゃな部門長の一面を私にそっと話してくれました。いや～、そんなつながりがあったとは思いもよらないことでした。

社歴の長い女性と、会社の上層部とのパイプ……。このパイプをうまく使うかどうかも、あなた次第なのです。自分のことをアピールしたいとき、自分の置かれている状況を変えたいとき、相談できる社歴の長い先輩を持つことで、未来のドアは開いていきます。

こんな力強いパイプを持つ先輩と、よい関係性を築いていくかいかないのか、すべて自分の選択なのです。

社歴の長い先輩の昔話にはとことん耳を傾けます。彼女の話から学べることは自分の宝物になり、社内政治力をつけるうえで欠かせない貴重な財産になります。

まずは先輩に挨拶をし、質問するところからはじめてください。いろんなことを教えていただくきっかけをつくるのです。

すでに知っていることでもいいのです。会話のきっかけ、とっかかりをつくることが第一歩です。結果的に親しい関係になれるのも、一つ一つの会話の積み重ねの結果なのですから。

〝歴女〟の先輩とよい関係を築いておく

第5章

影響力のある女をめざし、一目置《いちもく》かれる方法

1

仕事で評価される女は認められる

「影響力」という言葉をふだん意識したことはありますか？　米「ＴＩＭＥ」誌が毎年発表する「世界でもっとも影響力のある１００人」には、政治家、経営者、ジャーナリストなど、錚々《そうそう》たる面々が並びます。

しかし、「影響力」とは辞書によると「他に作用を及ぼし、影響を与える力」（大辞林）ですから、そんな大きなものでなくとも、実際には身近に、日々起こっている日常のなかにあります。たとえば、こんな影響力が存在します。

ランチタイムを過ぎてオフィスに戻ってもなにも言われない女

ランチタイムは就業規則で60分と決められているのに、いつも5分ほど遅れて戻ってくるA子さんがいます。自分の後に交替の人がいないときなどは、20分も30分も友だちと話しこんで戻ってくることもあるのに、なぜか上司から小言を言われない彼女です。

一方、B子さんは時間厳守をモットーとしています。ランチタイムもしっかり規則を守り、歯磨きとお化粧直しの時間も含めて60分以内にピタッとおさまるように心がけています。だから時間にルーズなA子さんの態度に、イラッとしています。

ある日、13時からはじまる会議に、B子さんは2分遅れて出席しました。その日はお手洗いの歯磨きコーナーが混んでいたので、いったんオフィスに戻り、またお手洗いに行ったため、ほんのちょっと、遅れてしまったのです。

すると上司から、「B子さん、会議は時間厳守！　ランチタイム60分は、規則でしょう？」とムッとした顔をされました。

「いつも時間を守っている私が叱《しか》られて、なぜA子さんはなにも言われないの?!」

B子さんのキ〜ッ！　という歯ぎしりが聞こえてきそうですね。

B子さんの不器用で要領の悪さがそうさせるのよね……残念な彼女！　で終わる話ではありません。なぜB子さんが小言を言われ、A子さんは言われないのでしょうか。

この場合、A子さんに細かく「ランチの時間60分を守ってね」と言うことによって、A子さんの気分を害することを上司が恐れているからです。

これこそ、A子さんが持っていてB子さんにはない「影響力」です。

上司は、A子さんの機嫌をそこねることによって起きるリスクを考えるからです。それは何だと思いますか？　上司は自分の仕事に、マイナスの影響をおよぼすかもしれないことを避けるからです。

「緊急の仕事があるとき、いつも残業をこころよく引き受けてくれるA子さんに、今後、仕事を頼みにくくなるのは得策ではない」と、上司は判断するのです。

あるいは、こんなことも考えられます。

「この会議のあとに控《ひか》えている、海外との電話会議……。英語に自信がない僕のサポートをしてくれるA子さんの機嫌をそこねるわけにはいかない……」

だから、いちいち目くじらを立てないのです。

3時のおやつにお菓子を食べてもなにも言われない女

ランチだけじゃないですね。規則には、おやつの時間など認められていないのに、毎日

15分、お菓子タイムをとる女性社員もいます。だけど上司からなにも言われない。不公平だ、エコヒイキだと言っても仕方がありません。それが現実なのですから。

社内には、注意しやすい女と、注意しにくい女がいます。

あなたは、どちらになりたいですか？

いちいち注意されないほうが、精神衛生上いいですよね。


では、上司が注意しにくい、影響力のある女になるために、どんな武器を持つべきでしょうか？　この女性社員にはいてもらわないと困ると思ってもらえる存在になるにはどうするか？


先ほど「急な残業でもこころよく引き受ける」「英語で上司の役に立つ」例をあげました。

上司のピンチを救うのは、会社のピンチを救うことにつながります。ですから、回り回って結局、上司のピンチは自分のピンチと思えるかどうかです。

目の前の急な仕事を、自分の仕事人生に直結する一大事と思えるかどうかです。

「それは、私の仕事じゃないから」と、困っている上司や同僚を見て見ぬふりをして「私とは関係ない」オーラを押し通すと、「注意しやすい女」というより「注意したい女」のレッテルが貼られます。

注意するポイントがあれば「ここぞ」と容赦《ようしゃ》なく注意されてしまう運命を自分でつくっているのです。なにごとも自分本位にしか考えず、会社に貢献できるタイミングを逃すと、結局それは、自分の評価を下げることに結びついていくということです。

「○○といえば××さんよね」という評判が立つようなこと。書道の達人、着付けの達人など、「和」の教養というのはいざというときに役に立ちます。

ほかに持っておいたほうがいい武器には、「エクセルのVBA（Visual Basic for Applications）を使いこなす」などの特殊な技能があります。ほかの人にできないスキルで、仕事の生産性にかかわる高い能力は重宝《ちょうほう》がられます。

「上司より、仕事の中身と実務を知っている」ことも武器になります。

これは部門をまたがる会議のときなどに威力を発揮します。仕事の内容は知っていても、細かな実務を知らない上司もいます。上司はすべてに万能とは限りません。

細かい質問に答えられない上司のために、あなたが会議で堂々と発言できるチャンスをつかむのです。そこで顔と名前を売って帰ってくるのです。

そこでも、上司の顔を立てることが重要です。あくまで上司の補佐役に徹します。大きな顔や態度をとると、煙たがられ、みずから嫉妬《しっと》の対象に立候補するようなものです。

私の職場にはこんな影響力を持った女性もいました。

エアコンの温度調節の主導権を握る女

外銀のとき、営業チームと同じフロアで仕事をしていたときがありました。

営業のなかにKさんという甲高《かんだか》い声でよく笑う女性がいました。ときどき私の上司に、鼻にかかった声で「あ～ん、○○さ～ん、私を助けてくださ～～い」と色っぽくお願いしていました。

上司は忙しいはずなのに、彼女の仕事をいつも優先させていたので、やっぱり甘え上手な女《ひと》に男は弱いんだなー、とあきれて眺《なが》めていました。

Kさんはスーツではないブランドものの服で身を固め、ときには膝丈《ひざたけ》よりうんと短いスカートで会社に来ていました。めちゃめちゃ女を武器にしているように見えたので、「どうせ、Kさんは営業では嫌われているんだろう」となかば焼きもちを込めて思っていました。

だけど、違ったのです。

あるとき、エアコンが効きすぎていたので、弱めようという話になったとき、「うちのフロアの温度調節はKさんがするらしいよ」

事情を聞いてみると、彼女の奇抜なファッションに合わせて温度調節がなされていたのです。その理由は、営業成績がトップだったことです。

数字を出しつづけ、会社の利益に直接貢献する彼女の行動に、文句を言う人はいなかったのですね。

会社に貢献する人は一目《いちもく》置かれ、影響力を持つ

2

感謝されていない女は軽く扱われる

一方で、どうして私っていつもこうなの？　という負の影響力を持つ人もいます。

カレシとデートの日に限って仕事を急に振られる女

「ああ、彼女、今日デートなんだな」と、まわりにバレバレな人がいます。

いつもと違うフェミニンな服装、念入りなお化粧は一目瞭然《りょうぜん》です。また、いつもと違って機嫌《きげん》がよい電話の声、そわそわしてネイルの状態を気にしている、時計を見る頻度《ひんど》がいつもより高い。こんな人も正直すぎてわかりやすいですね。だからつっこまれるのです。

感情や服装、態度がいつも安定している人は、傍目《はため》からはわかりにくいものですが、無愛想でぶっきらぼうな人が急に機嫌がいいと、いつものギャップにまわりから「今日、デートなんだな」という目で見られます。

そして、注意されやすい人は、こんな日に限って仕事を振られる運命にあります。日ごろ、上司から感謝されていないからです。

こんな悲劇に遭《あ》わないために、上司には感謝される部下になっておくことが大事です。

とはいえ、大事な日に、急に残業を振られることもあります。

やってはいけないのは、「それはできません！」と、不機嫌にぴしゃりと断ることです。上司は部下に「嫌な顔や態度」をされるのをもっとも嫌うものです。

仕事の内容にもよりますが、こんなふうに代替《だいたい》案を出すなどの提案もできます。

「今日はあいにく、大事な友だちと同窓会の約束が7時からあるのです。私が幹事なので行かないわけにはいかないのです。明日の午前中でしたら、2時間集中してできます。明日、少し早く出社しますので。それで大丈夫でしょうか？」

上司も考えてくれるかもしれません。疲弊《ひへい》した時間にやる残業より、朝に切り替えたほうが能率もよく、いい仕事ができるかもしれないと思うかもしれません。

仕事はきちんとやっているのに、軽く扱われることが多い、と悩んでいる女性もいるでしょう。社内で影響力を持つということは、良くも悪くも「目立つ」ことではないでしょうか？　どうしても軽く扱われてしまうのは、その人がまわりの風景に同化して目立たないから……。言いかえれば「個性」が目立たないからです。

私は生まれつきのミーハーです。憧《あこが》れているものや人がたくさんいます。外銀に転職してしばらくたち、仕事も落ち着いてきた20代後半のころでした。中学生のころからやってみたかったテニスをはじめました。会社の帰りに、五反田《ごたんだ》にあるテニススクールに通いはじめたのです。

マイラケットを買い、ウエアを買い、ルンルンです。まず形から入るタイプです。スクールの日は、朝からヨネックスのカバーをかけたラケットを意気揚々《ようよう》とかついで会社に行きました。このときは戦略的なことを考えてラケットを持っていったのではなく、ラケットを持つ自分に酔っていたのです。

すると、いろんな人が「あら？　関下さん、テニスするの？」と声をかけてくれます。社内のテニス仲間に入れてもらったりして……意外な人脈ができたことがあります。

スーツにスニーカーを履いて、ニューヨーカーっぽくしている人もいましたね。そんなふうに、なにかしら人と違う「目立つ」行動からはじめてもいいと思うのです。

逆に、目立たないのが個性になることもあります。

私は日本の銀行で「ひかえめに」しているのがよいこと、と叩《たた》きこまれていたので、外資系のギラギラした雰囲気のなかではかえって、「あ、なんか日本的な人がいるよ。あの人だれ？」とすぐに覚えてもらえました。

KYとは空気を読めないことですが、あえて空気を読まず自分の個性を目立たせる工夫（ちょっとしたトッピング）をしてみると、面白いことが起こるかもしれませんよ♪

目立つことも影響力につながる

3

力のある人の影響力を借りる

「長いものに巻かれる」とは、あまりいい意味には遣わない言葉ですね。自分の本当の気持ちを曲げて、楽なほうに流れて……いさぎよくない！　みたいな。でも権力や、多数派の意見に同調する傾向は、自分を守るために必要な選択肢《し》でもあると思います。

力のある人の、影響力を借りる……合気道《あいきどう》が相手の力をうまく利用して「勝つ」ようなイメージです。けっして悪いことではなく、生き残っていくひとつの手であると思います。

社内で権力を握っている人は、組織のピラミッドの上のほうにいます。

噂話《うわさ》などから、そんな人をステレオタイプ化して見ることがありますね。

まず、人を見るとき、ピュアでニュートラルな視点を持つことです。

人の噂話に惑《まど》わされない。

自分の五感（視覚、聴覚、味覚、嗅覚《きゅうかく》、触覚）を信じて判断してください。

「あー、やっぱりね。噂どおりの嫌な人だったわ」と思っても、そのときだけ、あなたに合わない顔を見せたのかもしれません。

人は多面的です。自分のこともよくわからないのに、他人のことを少しの情報で、即座に決めつけてしまっては、判断ミスを起こすかもしれません。


女子トイレでこんなこともありました。

アメリカ人女性のB部長は、やり手で仕事に厳しく、男性部下たちは睨《にら》まれると震《ふる》えあがっていました。だけど見た目がリカちゃん人形のように美しく、女性社員にとっては雲の上の存在でもあり、憧れの人でした。

そんな彼女とランチタイムの後、お化粧直しが一緒になり、トイレの鏡の前に並んで立ったとき、彼女が私に話しかけてきました。彼女は、自分の部下ではない私の名前は知らなかったはずです。

「ねえ、そのスーツいいじゃない。どこで買ったの？」と、私のスーツの袖《そで》の部分を触ったのです。女子社員の憧れの人の横で緊張していた私は、話しかけられてちょっとうれしかったものの、私ごとき下っ端《したっぱ》の着るものに目を光らせ、いきなり「どこで買ったの？」には意表を突かれました。

彼女はいつも上質なスーツに身を包んでいましたし、その日も完璧《かんぺき》な着こなしでした。でも、そのときの彼女は仕事のオーラではなく、女っぽい茶目《ちゃめ》っけというか、ひとりの女性の「素《す》」の部分を出していました。

私は、へぇー、意外と気さくなんだな、と思ったと同時に、着るものじゃなくて、同じ会社で働く人として、私の名前や仕事の内容に話題を振ってほしいなと思ったので、すかさず自己紹介をしました。

「ちょっと、自己紹介してもよろしいですか」と、まず了承をとります。

「〇〇部の関下です。私の上司は××部長です……」と、ここで、直属の上司ではなく、彼女と同格の××部長の名前を出しました。彼らが一緒にランチに行く姿を目撃したことがあり、そのときは二人とも笑顔でいい感じの雰囲気だったことを思い出し、敵対的な関係ではないはずと思ったからです。

「あら、そうなの？　で、彼の下でどんな仕事を担当してるの？」

私は、B部長の部下たちと私がかかわっている仕事を、ひとつ紹介しました。彼女には、自分の責任範囲の仕事の話ですので、私の立場と、仕事がより明確に想像できたのではないかと思いました。その後、エレベーターで一緒になる、通路ですれ違う……などの場面でニッコリ会釈《えしゃく》をする仲になりました。

影響力のある人と、まず顔見知りになる。挨拶《あいさつ》ができる仲になる。世間話ができる間柄になる。二人でランチに行くことを実現させる……。

そうすれば、影響力のある人とつながりのある、あなたを見るまわりの目が、だんだんと変わっていきます。

こんなこともありました。クレジットカードの部門から銀行の法人部門に異動となって、必死に仕事を覚えていたころ、私の机の横を、仲良しの経理部長秘書のC子さんが声をかけて通り過ぎていきました。

「新しい仕事、どお？　頑張ってね〜！」

直属の上司から、「ちょっと関下さん、なんで経理部長の秘書と知り合いなの？」と聞かれて驚いたことがあります。

経理部長の秘書C子さんがそんなに力を持っていたとは、そのときまで気がつきませんでした。会社全体の経費の決済権限を持つ経理部長の存在感は、社内では大きかったのです。存在感のある経理部長にあれこれ話を通してくれる秘書の存在も、同じように大きかったのですね。

私はたまたま、以前のオフィスのフロアが経理部と一緒でした。トイレでC子さんと顔見知りになる機会があったのです。仕事で経理部長に承認をもらうときに話すきっかけがあり、世間話をするようになった私たちは、ランチに行くほどの仲になっていたのです。

C子さんとランチ仲間という事実は、直属の上司にとってプラスに働いたようです。

トイレでの出会いも
チャンスのひとつ

4

出る杭でありつづける

毎日同じことのくり返しで、うんざりしている人もいるのではないでしょうか？

すばらしいことです！　うんざりしている人がチャンスをつかむ可能性は大きいのです。なにか刺激的なこと、新しいこと、面白いことがないかしら？　のアンテナを伸ばすことができるからです。

じっとしていないで、身近な人の動きを観察し、自分なりの「動き」を試してみてください。きっと「うんざり」から脱出できるヒントがあるはずですから。

プロジェクトメンバーに呼ばれる女

なぜか、これといって特殊なスキルがあるわけではないのに、部門をまたぐプロジェクトに参加している人がいます。

影響力を持つ部長と気軽にランチを食べる人が、こういうラッキーな仕事を手にします。なにげない会話のなかで、「今度こんなプロジェクトを走らせようと思ってね～」と聞いたら、「えっ⁈　私、その仕事に前から興味を持っていましたよ。なぜなら……」と自分を売りこんでもいいですね。

あるいは、「ちょっと、コピーを人数分頼む。午後一番に会議だから間に合わせてね。えっと20人だから、20部」と言われたら、プリントの内容をチェックします。

「えー、またコピー⁈　いつまでも雑用ばっかりで嫌になる」とプリントの内容も見ないでいやいやコピーするのか、「おお！　新しい情報ゲット！　コピーを頼まれたおかげだわ。ラッキー」と思うのか。ここが、その後の仕事人生の分かれ道です。

それが新規プロジェクトで自分も興味があるものなら、ここでも発言します。

「興味あるプロジェクトですね。私もやってみたいです！　コピー21部にしましょうか？」

なんて、笑顔で言ってもいいですね。仕事に前向きな姿勢はプラスにとられます。

「えっ、本気で言ってる？　じつはまだメンバー決めてないけど……。Aさんに声をかけようと思っていたけど、そんなにやる気があるんだったら、きみに替えちゃおうかな？」

と上司は思うかもしれません。

「Aさんには、以前嫌な顔されたことあるしな……」

こんな展開で、ちょっとしたきっかけで、プロジェクトメンバーに呼ばれる人がいるのです。


プロジェクトなんて、よけいな仕事には最初から首を突っ込まないという人もいるでしょうね。

だけど、プロジェクトは会社の方向性を知るうえでも、今後の自分のキャリア人生においても大きく役に立つ仕事です。新しい人間関係が築け、いままで気づかなかった自分の能力が広がり、会社の仕事を大きな視点で見るきっかけにもなります。

部門をまたぐプロジェクトに参加することで、会社のキーパーソンと知り合えるチャンスはぐっと増えるのです。

プロジェクトにはさまざまな仕事があります。

会議の議事録を書いたり、テストデータの記録などの地味な仕事でも、プロジェクトが前に進むたびに、報告書に関係部署の部門長のサイン（印鑑）をもらいにオフィスを訪ねるチャンスがめぐってきます。

メールなどで名前だけ知っている人の、顔と名前を一致させるよい機会になります。また、あなたの存在を知ってもらう絶好のチャンスでもあります。

まずは、できることからはじめます。コツコツと、自分の存在をいろんな部署の人に知ってもらうのです。

そうして名前と顔を売り、社内に影響力を持つ人になったあなたは、しだいに自分の意見を通せるようになるのです。

小さなチャンスを生かしていくと世界が広がる

5 自分の意見の上手な通し方

上司を上手に動かして仕事を進める女

上司から仕事のうえでも信頼を勝ち取り、精神的にも上司の支えとなれば、自分の影響力を発揮するチャンスがやってきます。チャンスは大いに活用すべきです。そうやって仕事をやりやすくしていくのです。仕事を改善していく過程も、いろんな景色が見えて面白いものです。

仕事は他部署と連携しているケースが多くあります。バトンをやりとりするように、流れ作業的な仕事もあります。自分たちの仕事を効率よくするためには、他部署のやり方を変えてもらわないと実現できないこともあります。

外銀時代、チームリーダーの立場のとき、そのような事態がありました。

社内のシステム変更が実現したとき、別の部署から届く書類の時間を変更してもらわないと、自分たちの仕事がスムーズにいかない……早急に解決すべき課題でした。

私は自分の上司Aさんに相談しました。すると、「それはそうなんだけど、それを変えるには○○部に協力してもらわないといけないからな……」とあまり乗り気ではありません。○○部の部長が手ごわい女性だったせいです。

「協力してもらえるようにまずミーティングを持ちましょうよ」と、さっさと日程を設定し、私はことを進めました。「僕も出なきゃいけない?」と上司が聞いてきましたので、「もちろんです！　Aさんに進めてもらわないと、この話は実現できません！」と全面的にAさんに前に出てもらいました。

私はミーティングの目的、話しあう内容、お互いの部署にとってのメリット・デメリットについて事前に情報を流し、あとは、場所や時間のアレンジのみをしました。

ミーティングのあいだ、私は○○部の手ごわい女性上司の後ろに座りました。

Aさんとチラチラとアイコンタクトをとりながら、ときにうなずき、ときには頭を左右にふりながら……話の行く末を見守りました。結果的に、私はひと言も発言しなかったのですが、私たちの思うとおりの変更が実現できました。

Ａさんは外資系でいながら保守的な男性。礼儀正しさを大事にする人でした。しかも会社一のダンディさです。

相手の手ごわい女性部長も、Ａさんだったからこそ、話に耳を傾け、会社としてよりよい方向へ進むため、自分の部署のやり方の変更をＯＫしてくれたのだと思います。

このミーティングの直後「まったく、関下さんの顔を見ているだけで面白かったよ〜」とご機嫌で言われ、私もうれしくなりました。

だれに何と言われようが、ＯＫ。自分たちのチームの仕事の効率が改善して、やりたいことができた達成感もありハッピーでした。

仕事の問題点を改善できる面白さも味わえる

6

おすすめできない意見の通し方

女性は組織というものがよくわかっていないのでは？　と耳にすることがあります。

会社の組織には、組織図のとおり社長を頂点として、それぞれの部門の人間が役職にしたがってその下に並ぶ「序列」があります。男性は、たとえ上層部にパイプを持っていても、その序列の順番を気遣いながら、行動する人が多いものです。

しかし、女性には、上層部に親しいパイプができると、それを自分専用のルートのように勘違いしてしまう人がいます。

直属の上司を飛び越え、手っとり早く上層部に直訴《じきそ》するパターンです。

これはいわば非常手段。特に気をつけて行動する必要があります。

直属の上司を飛び越えて、2つ上の上司にものを言っていいのはどんなときだと思いますか？　次の3つが考えられます。

1．直属の上司が重大なコンプライアンス違反をしたのが明らかなとき

これは会社の社会的立場に影響しますので、緊急に対応することが大事になります。ただ、先走ってしまうと自分の立場にマイナスの影響を及ぼします。ですから、ここは慎重《しんちょう》な行動が求められます。自分ひとりで判断しないで、だれか信用できる同僚、先輩に相談するといいですね。

2．直属の上司とあなたに強い信頼関係があるとき

たまたま、2つ上の上司となにかで一緒になったとき、あるいは、直属の上司が不在で自分の意見を述べてしまったようなとき。その後、そのことを早いタイミングで直属の上司に報告しておくことが大事ですね。ふだん、いかに信頼関係があっても、上司は自分を飛び越えた行動をとった部下に対して、面白くない気持ちを抱くからです。

3．会社を辞める覚悟があるとき

あなたが直属の上司と敵対関係にある場合。2つ上の上司になにかを報告して、その人が直属の上司の肩を持った場合、あなたの立場はものすごく危《あや》うくなる可能性があります。

それでも言わずにはいられないなら、会社を辞める覚悟が必要になります。

いま思えば冷や汗ものですが、私は、会社を辞める覚悟がないのに、3つめをやってしまったことがあります。

序列を無視した意見の通し方をすると、要注意人物としてマークされるリスクがあります。その後も同じ方法を使っていると、上司や同僚から「あの人は、ああいうやり方でごり押しする人」と見られてしまいます。

いますぐ助けてほしいとき、身近な人の協力が得られなくなるのは困りますよね。

私の場合、幸運にも2つ上の上司が、味方になってくれたおかげで会社を辞めずにすみました。なぜ味方になってくれたか……。それはふだんの仕事で2つ上の上司と、その秘書と信頼関係ができていたからだと思います。

また、一時的な感情で意見を言ったのではなく、それまでの仕事を通して、自分の部署をよりよくするにはどうしたらいいかを、箇条書きにして温めていました。ですので、いざというとき、あわてることなく、なぜ、いまこのことを言いたいのかを論理的に説明することができたのだと思います。

なにげない毎日の仕事ぶり……明るい笑顔や細やかな気遣い、マジメな態度というのは、なにかピンチが起こったときに自分を助ける武器になります。

味方になってくれる仲間がひとりでも多くいることが、会社のなかで生きつづけていく支えになります。支えは、それがなくては歩いていけないほど貴重な杖《つえ》です。

一度助けてもらったご恩は忘れないようにしないといけません。

今度は逆の立場で、自分のできることを全力でして支える番ですね。そんな役回りも会社で働いているからこそ経験できる醍醐味《だいごみ》ではないでしょうか。

序列を無視したやり方には
それ相応の覚悟がいる

7

上手な怒りの出し方としまい方

社内で影響力を持ち、これから仕事を面白く進めていこうと思っているあなたならば、小さなことにいちいち反応して「キーッ！」と目くじらを立てて怒っている場合ではありません。

怒った顔は美しいとは言えませんよね。いつも怒っていると眉間《みけん》に皺《しわ》がよったまま……そんな顔にはなりたくないものです。

いつも穏やかな女性で、あの人安定感があるよね、と思われてこそ、効き目のある「怒り」なのです。あの人が怒っているから、よほどのことなのだと思われます。だから人は耳を傾けてくれるのです。

そうはいっても人間は感情の動物……私にはできないわ、と思うかもしれません。「なに〜?!」と怒りがこみ上げたら、「おお、いい機会」と思って、まずは分析してみましょう。

この怒りはどこからやってきたのかしら?

冷静になってみると、見えてくるものがあります。

次は、ここで怒りを表すべきかどうか?

一種のゲーム感覚ですね。「怒り」のカードは、絶対に負けられない戦いに勝つための武器として使います。いまがそのタイミングかどうか、です。

たとえばサッカーの審判になった気分で、イエローカードを2枚、レッドカードを1枚持ち、一年を通してその3枚しか使えない……というルールを自分に課すのもイメージしやすく、面白くなりますね。

職場で起こるあれこれを、サッカーゲームの展開ととらえて、よく観察するのです。ピーッ! と笛を吹いて、怒りのカードを出すタイミングをはかるのです。

なんだか楽しい気分になってきませんか?

ゲームの主導権を握るのはあなたなのです。

ふだんはやさしいけれど怒ると怖い人だと、怒りの効き目があるもの。


外銀時代、隣の部署にいつもニコニコ穏やかな表情で働く女性がいました。あるとき、そんなおとなしい彼女が烈火《れっか》のごとく怒ったことがありました。

彼女が信頼しきっていた上司と部下Aさんが、彼女に話をせずにAさんが希望していた異動の話を進め、直前までAさんの直属の上司だった彼女に内緒にしていたのです。

彼女は、上司からも部下からも裏切られたような思いだったと後で言っていました。

仕事をするうえでもっとも大事にしていた「信頼」にひびが入った瞬間、彼女の怒りが爆発しました。

「無視」されたことで、二人から見下されたような気がしたそうです。

彼女が真剣に怒った結果、二人から黙っていたことに対しての謝罪を受け、ようやく仕事が手につくくらいに落ち着きを取り戻しました。


その後、彼女は部下をこころよく送り出すことに力を注ぎました。Aさんが彼女に「他の部署に移りたい」と言いにくい状況をつくったのは、結局自分の不徳の致すところだと思ったのです。

怒ることで、学ぶことがあります。

怒りの根本を分析してみる。すると、その原因は結局自分にあることに気がつくものです。

怒るタイミングも大事ですが、怒りのしまい方も、大人の女の行動をとりたいものです。

効果的に怒り、怒ることで学びを得る

第6章

社内政治力で面白く仕事ができ、楽しくなる

1
戦略的に働くことが武器になる

いままでの章で、働く女性にとって社内政治力とは、具体的にどういうことを指しているのかについて触れてきました。

いかがですか？　あなたにとって、社内政治力は必要だと思いましたか？

社内政治力というと、男性と、バリキャリの一部の選ばれた女性にしか関係ないと思っていませんでしたか？

そうではないのです。社内政治力を発揮することで、どんなポジションの人にとっても、相手にどう思われるかが変わってきます。

その結果、あなたの存在感をアピールすることができるのです。

社内で「あ、この人は影響力を持っているな。侮《あなど》れない人物だな」と思われることは、自分の居場所を確保し、やりたいことを実現していくことにもつながるでしょう。その影響力を持ちつづけることも、戦略的に考えて働くことで可能なのです。

私たちの日常に起こるちょっとしたこと、「え？　そんなことが社内政治力に結びつくの？」と驚くこともあったかと思います。

今日から、社内政治力を意識して会社で働いてみませんか？

そうです。できることからやってみるといいと思います。難しいことではありません。いままでの自分の力配分を、ほんの少しでも社内政治に振り向けてください。この力を使って影響力を発揮し、最後はどうなりたいかは、結局のところ、あなた次第です。

これからの女性の働き方は、ますます多様になるでしょう。

なにが幸せか？　それは、人によって違います。

だれかと同じ道を行かなくてもいいのです。

社内政治力によって、なにを実現させたいのか？　ということです。

キャリアアップのため、自分のしたいことに着実に結びつけていくことも社内政治力なら、長く働くことで、同期の男性が役員になり、彼から「お、○○ちゃん、お久しぶり。元気？」と気軽に声をかけてもらえる、そういう関係性を築くことも社内政治力です。

エアコン温度調節の主導権を持つのも、ランチから5分遅れで帰ってきても、上司から文句を言われないのも社内政治力。自分の考えや企画、ちょっとした改善案を通していくのも、社内政治力の結果なのです。


なにも考えないで、目の前の仕事をただこなすだけでなく、そこにプラスアルファをしていくだけで、なにかが変わるはずです。

そのプラスしてほしいのが「社内政治力」です。

やりたい仕事へのドアを開く、自分の居場所を確保するチャンスをつかむのはあなた次第なのです。

社内政治力をつければ なにかが変わる

2

ビジネスマナーは社内政治力の入り口

社内政治力を発揮するには、人とのコミュニケーションのやりとりは欠かせません。まず、自分の第一印象をよくすることです。

「あら、あの人、ブスっとして感じ悪いわね。二度と顔を見たくないわ」と思われるのと、「まあ、あの人、感じがいいわね。笑顔がステキ。なんていう名前かしら?」と思われるのとでは、その後の人間関係に大きな差が生まれます。

外見ばかりとりつくろったって……人は中身が大事なんだよ!

私だってそう思います。

だけど人は、まず外見で、それも数秒という一瞬で、人を判断してしまうのです。怖いことだと思いませんか？

それも、自分の価値基準で判断します。そこには偏《かたよ》った見方も含まれます。年齢や性別、好み、育った環境、ビジネスの環境などで、人によって感じ方に違いがあります。

それは、理不尽でアンフェアです。

だけど、それが現実なのです。

もし第一印象が悪いと、それをひっくり返すには相当な時間がかかります。

だから、第一印象は侮れないのです。


では、どうしたらいいのか？

まず、笑顔で元気な挨拶《あいさつ》は欠かせません。それにプラスして、ひと通りのビジネスマナー（身だしなみ、書き言葉・話し言葉、態度の礼儀作法）を身につけておきます。

新入社員のときに習ったことを復習してもいいし、マナー本は世の中にあふれています。ネットでも簡単に学べます。

マナーとは、「相手に恥をかかせないこと」です。

相手に不快な想いをさせないように振る舞うことです。

そのことこそが、社内政治力の入り口です。そこから、無駄な敵をつくらず、味方を増やすことにつなげていくのです。

そうすれば仕事がやりやすくなります。よけいな障害物をつくらないのが大事なのです。

ここで気をつけたいのは、相手がなにに対して「あ、嫌だな〜、それ」と感じるかは、その人によって違うということです。

自分の常識が通じないことが、当たり前と思っていたほうがいいのです。

相手がどんなことに不快を感じるのかを観察し、それに合わせて自分の振る舞いを調整していくことが大事です。

人間関係の古典的名著であるデール・カーネギーの『人を動かす』のなかに、人に好かれる6原則があります。

住んでいる国や年齢などの違いはあっても変わらない原則。この6つを実践《じっせん》するだけで、いままでのあなたを見るまわりの目が違ってくると思います。

笑顔を忘れない

聞き手にまわる
相手に誠実な関心をよせる
相手の名前を覚える
相手の関心のありかを見抜く
相手を心から褒《ほ》める

ビジネスマナーとはひと言でいうと、「人へのやさしさ」の表現なのではないでしょうか。

相手を不快にさせないことは、人に好かれる第一歩

3

女らしさを意識する

女性らしい服装、身のこなし、言葉遣い、やさしい気遣い……。

これらが、職場をホッとさせるのも事実です。

人前で泣いてはいけないと、我慢《がまん》したり隠したりする健気《けなげ》さがいじらしく見えるときもあります。

みんな生身の人間です。機械じゃないので感情の波があって当然です。公私の区別をつけようと強がっている女性に「大丈夫?」とひと声かけたくなるのも自然なことです。

ネイルやスカートの丈《たけ》、お化粧の仕方も、職場の環境や状況しだいで変えていける柔軟性を持つのです。

「あの人、女を武器にしていてずるい！」と思われても気にしない。なにごとも結果がすべてです。人は正論じゃなく、情で動きます。

外銀のときの部下に、ぶっきらぼうで、一見、女らしさからかけ離れた女性がいました。新入社員のとき、私の部署に入ってきました。

朝から「おはようございます」もハッキリ言えない、口のなかでモゴモゴ……。ニコリともしない無愛想《ぶあいそう》ぶりです。だけど、仕事は冷静沈着《ちんちゃく》。こちらからいちいち教えなくても、自分で学びとるタイプです。

私は彼女の事務能力の高さに、何度助けられたかわかりません。

数年たち、仕事の知識レベルのスキルでは成長した彼女は、相変わらずの無表情のままです。チーム内でもよけいなおしゃべりはしません。同僚の結婚披露宴にも欠席です。みんなが行くから私も行かなきゃいけないんじゃないか、という感覚がないんですね。

ちょっとみんなから浮いているなー、とずっと心配していました。

あるとき、残業の日々でみんなが疲れきっていた夜でした。

「お菓子を焼いてきました。どうぞ」と彼女は、お手製のマーマレード・ケーキを恥ずか

しそうに配ったのです。みんな、

「えー?!　お菓子なんか焼くんだー！　びっくり!!」

「私の趣味はお菓子をつくること……料理も大好き」という彼女に、私たちはふだんの職場でみせる態度とのギャップに驚きました。


その後も、ちょくちょく手づくりのお菓子を焼いては持ってくる彼女の女らしい一面に、私たちはあたたかいものを感じていました。

「かわいいねー」

いまは部門長として活躍している彼女です。ぶっきらぼうさとのギャップが、かえって女らしさを醸《かも》し出したという例です。

女らしさを生かすことは悪いことではない

4

面白い仕事ではなく、面白がって仕事をする

たとえば、自分のやるべき仕事を１００としたとき、面白いと思う仕事が20、面白くないな～、できればやりたくないな～と思っている仕事が80あったとします。

面白い仕事が１００、という人はおそらくいないでしょう。

たとえ面白い仕事を20することになっても、その20のなかには、面白くないと感じる仕事が含まれているものです。

20の面白い仕事を取りにいくために、80の仕事をいかに面白がってやるか……。

面白かろうが面白くなかろうが、その仕事はだれかがやらなくてはいけません。

だったら、工夫することによって、面白くなるようにすればいいのです。

面白く変えることで、仕事に意味合いが出てきます。意味を見出せば、前向きな気持ちになり、結果を残したくなります。

よい結果を残せば、上司を喜ばせることができます。その小さな積み重ねの実績を使って、やりたい仕事の20を取りにいくのです。これが社内政治力です。

毎日同じことのくり返しでうんざりしている仕事があったら、そこに時間の制限をプラスしてみる。いつも30分かかっていた仕事を5分縮めるにはどうするか？　自分の動線に無駄な動きがないかチェックすると、どこで、なにに時間がかかっているか見えてきます。そこに同僚や、他の部署の人がからんでいたら、改善案を出し、みながハッピーになれるアイディアを考えてみるのもいいですね。

人には得意な仕事と苦痛に思える仕事があるものです。

毎月、提出しなければいけない経費精算。わかっているのに苦手なので、いつも上司に言われていやいや出していたのを、「領収書をためこまない」というモットーを自分に掲げ、システムにそのつど入力し、だれよりも早く提出してみる。

上司から「○○さん、やればできるじゃない！」と言われたら、そこでなんと言い返すか、笑いをとる言葉を準備しておく。

つまらないと思っているルーチン業務の先に、どんなお客様がいるのか想像してみる。

つまらない、とか、こんなだれにでもできる仕事ばっかりやらされて、とちょっとバカにしたような単純に見える仕事に限って、ミスや間違いがあったときのインパクトは大きくなります。気を抜いていい仕事なんてないんですね。

自分のミスじゃなくて、他人のミスも自分のことのように受け止め、対処の仕方を学んでおくと、これもひとつのスキルをアップすることにつながります。

どんな仕事も「ほー」「なるほどー」と新鮮に思えるように毎日の視点を新しくする。

面白がって会社生活を楽しくするのも、自分次第なのです。

面白く変えることで、仕事に意味が出てくる

5

自分を生かす仕事に社内政治力は欠かせない

35歳くらいのときでした。

社内で自分の存在感がなくなったと感じたことがありました。

上司からは「お願いだから、ほかの部署を探してください。あなたはもう、うちに必要ありません」、部下からは「この人がいなくても、この職場は回りますから」と言われているような気がしたのです。

実際には言われていないのに、みんなの言動がそう言っているように私には感じられたのです。

当時、職場に靄《もや》がかかったように見えました。

会社に行きたくない日がつづきました。

「私はだれからも必要とされていない……」

本当にどんよりとしてつらい日々でした。


私は自分がマスターした仕事は、余裕のある部下に次々に渡すタイプでした。部下たちは優秀でしたから、私のことなどすぐに追い越していきました。それはとてもうれしいことでしたが、寂しいことでもありました。

私は、もっと上のポジションを狙うという野心を意識してはいませんでした。だけど、チームリーダーとしてのプライドが傷つきました。自分を、実物よりよく見せたいという見栄《みえ》があったんだと思います。

損得の計算もしないで、すべて仕事を渡してしまい、手が空いてしまった。かといって、新しい仕事に意欲を示さない私を、上司はどう扱っていいかわからなかったのだと思います。

私は完全に居場所を失い、転職しようかな……という考えも浮かんでいました。

そんなとき、以前いた部署の上司から、システム変更があるので、仕事を知っている関下さんに戻ってきてほしいと連絡があり、私は二つ返事でＯＫしました。システム変更によるプロジェクトに呼ばれたのです。残業の嵐がやってくるとわかっていましたが、迷わず引き受けました。

別の部署の同僚からは「大変になるってわかっているのに……、ふつうは断るよねー。飛んで火に入る夏の虫とは、あなたのことだよ」とからかわれました。

でも、人からなんと言われようと、全然気になりませんでした。

私がうれしかったのは、だれかに仕事で「必要とされている」ということでした。新しいチームで一緒に働く仲間と、自分の知識を教えあう、新しいシステムを学びあう、影響力を示せることに喜びを感じました。

システムのテストを重ね、ようやく本番にこぎつけた日の朝の、心地のいい緊張感は、いまでもありありと思い出せます。

だれかに必要とされる力を持つ。責任をとるべき仕事を持っている。

その力を社内で生かしていくには、社内政治力を意識すべきなのです。

そして社内政治力は、だれもが持てる身近にあるもの。ちょっと見渡せば「ああ！　このことか」と見えてきます。

社内政治力を使ってどうなりたいのか、それはあなた次第です。
運転席に座ってハンドルを握る。
エンジンをかけ、車を動かす。
その主導権をあなたが持つのです。
どんな道を選び、どこで曲がり、どんなゴールに向かうのか、
あなた自身が決めることなのです。

自分の力をより効果的に、より戦略的に生かす

「伸びる女」になりたいあなたへ

出版記念キャンペーンのご案内

『伸びる女の社内政治力～面白く、長く働くためのコツ』

本書をご購入いただいた皆様に、もれなくプレゼント進呈!

著者の関下昌代が
本書に書ききれなかった内容を
PDF形式のレポートにして特別に無料プレゼント！

☆お申し込み方法☆
下記のURLにアクセスしてください。

http://sekishitamasayo.com/社内政治力/

プレゼントのデータダウンロードURLは、
お申し込みの方にeメールでご案内いたします。

本サービスは予告なく終了する場合がございます。予めご了承ください。個人情報は、無料プレゼントとメルマガ配信の目的のみに使用します。個人情報の保護に関する法令およびその他の規定を遵守し、個人情報を適正に取り扱います。

著者略歴

熊本市に生まれる。熊本県立第一高校卒業後、住友信託銀行へ入行。退職後、派遣・契約社員としてテレビ熊本受付、細川護煕県知事時代の熊本県庁秘書課など一〇年余を勤務。

一九八九年シティバンク銀行へ転職。クレジットカード部門・銀行法人部門をへて、二〇〇一年人事部人材開発部門アシスタント・バイスプレジデントとなり、二〇年間を勤務。

「ダイバーシティ（多様性）」の研修講師の経験がきっかけとなり、働きながら立教大学大学院入学。二〇〇九年異文化コミュニケーション学修士取得。二〇一一年より神奈川大学非常勤講師。

著書には『伸びる女（ひと）と伸び悩む女の習慣』（明日香出版社）、『シティバンク人事部で私が学んだ一生使える「気づかいの基本」が身につく本』（大和出版）、『伸びている女性（ひと）がやっている感情整理の新ルール』（KADOKAWA）などがある。

ブログ「伸びる女！」になる秘密

http://sekishitamasayo.com

伸《の》びる女《おんな》の社内政治力《しゃないせいじりょく》

——面白《おもしろ》く、長《なが》く働《はたら》くためのコツ

二〇一六年三月一一日　第一刷発行

著者　関下昌代《せきしたまさよ》

発行者　古屋信吾

発行所　株式会社さくら舎　http://www.sakurasha.com

東京都千代田区富士見一-二-一一　〒一〇二-〇〇七一

電話　営業　〇三-五二一一-六五三三　ＦＡＸ　〇三-五二一一-六四八一

編集　〇三-五二一一-六四八〇　振替　〇〇一九〇-八-四〇二〇六〇

装丁　アルビレオ

写真　Album／アフロ

印刷・製本　中央精版印刷株式会社

ISBN978-4-86581-044-8